맛깔스런 우리문화 속풀이 31가지

김영조 지음

맛깔스런 우리문화 속풀이 31가지

2008년 2월 20일 초판 1쇄 펴냄
2009년 1월 20일 초판 2쇄 펴냄

지은이 | 김영조
펴낸이 | 서용순
펴낸곳 | 이지출판

출판등록 | 1997년 9월 10일 제300-2005-156호
주소 | 110-350 서울시 종로구 운니동 65-1 월드오피스텔 903호
대표 전화 | 743-7661
팩스 | 743-7621
이메일 | easybook@paran.com

ⓒ 2008 김영조

값 12,000원

ISBN 978-89-92822-10-7 03380

※ 잘못 만들어진 책은 바꿔 드립니다.

이 도서의 국립중앙도서관 출판시도서목록(CIP)은 e-CIP 홈페이지(http://www.nl.go.kr/cip.php)에서 이용하실 수 있습니다. (CIP 제어번호: 2008000401)

맛깔스런 우리문화 속풀이 31가지

추천의 말

따뜻한 우리 문화의 길잡이

　국립국어원에 온 지 2년이 되었습니다. 그동안 많은 일이 있었는데, 특히 한글날을 처음 국경일로 기념한 것과 몽골 등 여러 나라에 세종학당을 세운 것은 뜻깊은 일이라 생각합니다. 그러는 가운데 여러 분의 도움을 받았습니다만, 그 중심에 말글운동을 열심히 하는 분들이 있었습니다.
　말글운동은 여러 가지 형태로 나타납니다. 물론 언론의 역할이 막중하지요. 아무리 좋은 결과가 나와도 이를 국민에게 제대로 알리지 않으면 그 의미가 반감되기 때문입니다. 이 언론의 역할을 충실하게 해내려 노력한 사람이 있습니다.
　푸른솔겨레문화연구소 김영조 소장은 시민기자로서 말글과 관련된 행사에는 어김없이 나타나 취재하고 여러 곳에 기사를 올리곤 합니다. 이 일은 말글에 대한 사랑과 열정이 없으면 가능한 일이 아니지요. 그래서 저는 김영조 소장에게 늘 고마운 마음을 갖고 있습니다.
　그런 그가 이번에 우리 문화를 소개하는 책을 낸다고 합니다. 그는 말글문화를 비롯하여 의식주와 굿거리문화 등을 아우르는 글쓰기와 강연을 하는 사람입니다. 결코 쉽지 않은 일인데 그는 해냈고, 그 결과를 묶어 책을 내는 것입니다.

그는 이 책에서 한복이 왜 참살이웃인지, 전통 먹거리가 어떻게 건강을 지켜 주는지, 살림살이 속에 어떻게 자연이 담겨 있는지, 말글살이를 어떻게 해야 바른 것인지 잔잔하지만 당당하게 말해 줍니다. 이 책은 우리 문화를 그저 소개하는 것이 아니라 일반 대중의 눈높이에 맞추려 노력한 흔적이 분명합니다. 쉽고 재미있는 표현과 아름다운 토박이말을 살려 쓴 점 또한 칭찬해야 할 것입니다.

외국에 사는 동포들은 자신의 정체성을 삶의 가장 큰 무기라고 말합니다. 문화 전문가들은 서양 성악을 해도 판소리의 흔적이 있어야 하고, 재즈를 해도 된장 냄새가 나야 한다고 강조합니다. 한국인이면서 세계 최고의 글자인 한글의 특징을 모르면 안 될 일입니다. 나의 뿌리를 분명히 알고 그에 대한 자부심을 가지고 있는 사람이 존경을 받게 될 것입니다.

국립국어원에서는 올해 아시아 여러 나라에 '세종학당'을 세우고, 우리 말글과 문화를 가르치기 시작했습니다. 그래서 때맞춰 나온 이 책이 그렇게 반가울 수가 없습니다. 이 책을 통해 우리 뿌리를 제대로 알고, 세계에 당당한 한국인이 되었으면 좋겠습니다.

이상규
국립국어원장
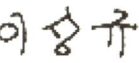

 추천의 말

우리 문화를 알고 싶으면 이 책을 읽어라

나는 평생 우리 음악과 함께 살아왔다. 그 가운데 내 삶에서 젓대를 빼고는 이야기를 할 수가 없다.

지금 내 나이가 적지 않지만, 나는 아직 우리 음악을 위해 할 일이 많이 남아 있다. 그것은 우리 국민이 국악을 외면하고 서양음악에만 빠져 있기에 내 건강이 허락하는 한 이를 바꿔 놓는 데 전력을 다하고 싶다.

그러나 그 일은 나 혼자 해서 될 일이 아니다. 뜻을 같이하는 동지가 필요하다. 공연을 보러 오는 사람도 필요하고, 음반을 사주는 애호가도 있어야 한다. 거기에 우리 음악을 알리는 글쓰기나 강연을 하는 사람이 빠져서는 안 된다. 순수하게 우리 음악을 알리고자 하는 열정 있는 사람이 꼭 있어야 한다.

그런데 꼭 음악만을 알리는 것보다 우리 문화 전반을 고루 알리는 일이 더 중요하다. 하지만 이런 일은 돈이나 명성과는 거리가 멀기에 모든 문화를 동시에 알리는 기자나 전문 글쟁이, 강사를 찾기 어렵다.

그 점이 늘 아쉬웠는데, 몇 년 전부터 국악 공연과 음반 소개에 남다른 열의를 보이는 사람이 있다. 김영조 푸른솔겨레문화연구소장이다. 그는 생활한복 사업을 하다가 우리 문화를 알리는 일에 뛰어든 것인데, 아무 보수도 없이 뛰는 시민기자 신분이기에 더욱 놀랄 수밖에 없었다.

우리 문화에 대한 그의 사랑은 끝이 없다. 그는 어느 곳에서나 누구에게나 우리 문화는 모두 함께 누려야 하는 참살이 문화임을 강조한다. 그리고 꾸준히 우리 문화에 대한 내공을 깊이 쌓아가고 있다.

우리 문화가 어렵다는 말을 듣는다. 우리나라 사람에게 우리 문화가 어려울 리 없는데, 글 쓰는 사람들이 독자의 눈높이를 생각하지 않기 때문이다. 다행히 그는 논리만 내세우지 않고 쉽게 재미있게 쓰려고 노력한다.

나는 여러분에게 권하고 싶다. 우리 문화에 관심이 있다면, 우리 문화를 공부하고 싶다면 먼저 이 책을 읽어 보라고. 그리고 우리 문화를 통해 행복한 삶을 살아가기 바란다.

이생강
중요무형문화재 제45호 대금산조 예능보유자
(사) 죽향대금산조 원형보존회 이사장

추천의 말

외국에 사는 한국인에게 꼭 필요한 책

독일 함부르크에서 태권도를 가르치며 35년 넘게 살고 있다. 그렇게 긴 세월이 흘렀건만 늘 고국이 그리운 것은 나의 뿌리가 한국이라는 나라에 있기 때문이다. 그런데 그 뿌리가 뭔지 알지 못한다면 아무리 고국을 그리워한들 무슨 의미가 있겠는가.

하지만 남의 나라에서 사는 우리에게 한국의 역사와 문화를 배우는 일이 그리 녹록하지 않다. 책 등 자료를 쉽게 구할 수도 없고 설령 구했다 해도 너무 어렵게 표현된 것이라면 소용이 없다. 그래서 나는 한국의 역사나 문화를 쉽고 재미있게 설명한 책이 있으면 좋겠다는 바람을 가지고 있었다.

그런데 마침 한국 문화에 대해 꼭 알아야 할 것들을 골라 쉽게 그리고 재미있게 쓴 책이 나온다는 반가운 소식을 들었다. 특히 그 책의 지은이는 지난 독일 월드컵 직전 함부르크에 와서 한국의 소리와 춤 그리고 풍물을 보여 준 민족예술단을 수행한 시민기자였기에 더욱 반가운 마음이 들었다. 그는 그때 공연에 대한 기사를 쓴 것은 물론 함부르크 시내를 돌아보고 이곳의 문화를 소개했으며, 한국을 떠나 독일에서 청춘을 바친 간호사와 광부 얘기를 담아 〈독일교포, 고국에 가고 싶어도 못 갑니다〉라는 글을 쓴 따뜻한 마음을 가진 사람이다.

책에는 한국인이면 꼭 알아야 할 의식주와 굿거리, 말글에 대한 지식 그리고 구수한 명절이야기 등이 담겨 있다. 왜 한복이 훌륭한 옷인지, 한국인의 얼굴이 달라진 까닭은 무엇인지, 한국인에게 소나무는 무슨 의미가 있는지, 한글을 무슨 근거로 세계 최고의 글자라고 하는지, 그리고 명절의 진정한 의미와 함께 어렸을 적 많이 들었던 도깨비이야기 등을 풀어낸다.

그는 우리 문화를 '더불어 사는 삶'으로 표현한다. 한복도, 먹거리도, 살림살이도, 한글도 '더불어'다. 여기에 오랫동안 우리 겨레의 삶이었던 세시풍속에 담긴 따뜻한 사랑을 보여 준다. 그러면서 잊혀져 가는 우리 겨레의 삶과 문화를 복원하자고 호소한다. 그것이 우리의 행복한 삶을 지켜낼 것이라고 그는 믿는 것이다.

무슨 책이건 그 안에 분명한 철학이 없다면 공허한 메아리일 뿐이다. 지은이의 철학이 담긴 책이라면 오랫동안 그 여운이 남을 것이다. 고국을 떠나 살고 있는 나는 이 책에 큰 기대를 한다. 그래서 늘 머리맡에 두고 볼 생각이다. 더하여 외국에 사는 한국인에게 이 책을 꼭 읽어 보라고 권한다.

신부영
독일 함부르크 한인회장

 지은이의 말

겨레문화가 활짝 꽃피기를 비손하며

겨레문화가 무엇인가? 그것이 우리에게 무슨 도움이 될까? 이런 질문에 선뜻 대답할 수 있는 사람은 많지 않다. 그런 고민을 해본 적도 해볼 여유도 없는 것이 현대인이다. 사실 나도 이런 고민을 한 것이 그리 오래 되지 않았다. 그 계기는 1992년부터 시작한 생활한복 사업 때문이었다.

전통한복을 올바로 계승해야 한다는 생각으로 사업을 시작했지만, 많은 사람들이 이 좋은 참살이옷을 외면했고, 어떤 젊은이들은 한복이 불편하다는 말을 서슴지 않았다. 나는 한복사업에 성공하려면 사람들의 편견을 먼저 바로잡아야 한다는 생각을 하게 되었다. 그런데 이 편견을 깨는 데는 한복 하나만으로 가능한 것이 아니라 다른 문화도 고루 발전해야 하고, 그 발전이 바탕이 되어 한복을 긍정적으로 생각해 줄 응원군이 필요하다고 생각했다. 그래서 문화는 무엇이고 겨레문화란 무엇인지 고민하기 시작했다.

현대는 영원한 친구도 영원한 적도 없다고 한다. 그만큼 무한경쟁 시대라는 것이다. 따라서 우리처럼 힘도 약하고 자원도 없는 나라는 점점 어려워질 수밖에 없다. 정치·군사·경제 그 어느 면으로도 선진국과 어깨를 나란히 할 수 없다.

그러나 다행스럽게도 우리는 세계 어디에 내놔도 당당한 문화가 있다. 언어학자들이 최고의 글자로 꼽는 한글, 세계 5대 건강식품으로 꼽히는 김치와 항암식품 된장, 넉넉한 품으로 건강을 지켜 주는 한복, 연주자와 청중이 하나 되는 판소리와 풍물굿이 있다. 또 원적외선이 나오는 황토와 가장 훌륭한 난방방법이라는 온돌, 천 년 동안이나 썩지 않고 보존된 한지가 있다.

하지만 이렇듯 훌륭한 문화를 제 나라 사람들이 잘 모르거나 외면한다. 그것은 일제강점기에 일본인들이 우리 문화를 짓밟고 왜곡한 탓도 있지만 문화사대주의자들이 점령한 정치·언론·교육이 제 구실을 못했기 때문이기도 하다.

나는 몇 년 전 한 공중파 방송에서 추천한 우리 문화 책을 보고 깜짝 놀랐다. 분명히 대중을 위한 책이라 했는데 저자는 어려운 전문용어를 마구 쓰면서도 친절하게 설명해 주지 않았다. 글을 쓰고 강연하는 첫째 목적은 서로의 소통이다. 전문가들은 이에 아랑곳하지 않는 것 같다.

그래서 나는 쉽고 재미있는 글쓰기와 강연에 도전하기로 했다. 마침 인터넷신문 〈오마이뉴스〉가 막 문을 열었던 때여서 그곳에 '민족문화 바로알기'란 제목으로 연재를 시작했다. 그리고 〈대자보〉, 〈다음〉 등 겨레문화에 애정이 있는 여러 인터넷 매체에도 계속 기고를 했다. 그러나 글쓰기에 익숙지 않은 내겐 쉽지 않은 도전이었다. 이때 아내가 첫 독자가 되어 글을 읽어 주고 평도 해주었다. 닷새를 고민해서 쓴 글을 아내의 혹독한 비판에 모두 지워 버리고 사흘 동안 다시 쓴 적이 한두 번이 아니다. 그 덕에 어느 정도 쉽게 쓰는 데 익숙해졌고, 애독자도 생기는 행운을 얻었으며, 올린 기사 수가 600편을 넘게 되었다.

그리고 독자들은 내게 이 글들을 모아 책을 낼 것을 권했다. 나는 과연 이 글들로 책을 내는 것이 바람직한가 고민했다. 이 책을 위해 돈과 시간을 투자해 줄 독자들에게 그에 마땅한 이익을 안겨 줘야 하기 때문이다.

하지만 누군가는 겨레문화를 알려야 하고, 그런 일을 하는 사람이 흔치 않은 이때 모자라지만 정성을 쏟는 것이 옳은 일이라는 생각을 했다. 사람은 뭔가 나라와 겨레를 위해 작은 일이라도 해야 하며, 내가 할 수 있는 것은 우리 겨레문화를 알리는 일이기에 책을 내는 것을 용서해 주리라 믿고 용기를 내었다.

이 책이 나오기까지 큰 도움을 준 〈민족21〉 정창현 편집주간, 《우리말 풀이사전》의 저자 박남일 선생, 보잘것없는 원고를 가지고 선뜻 책을 내준 것은 물론 꼼꼼히 지적해서 좋은 글로 거듭나게 해준 이지출판 서용순 대표와 늘 나를 지켜 주고 사랑해 준 아내 최금례, 딸 아름솔, 아들 으뜸솔 그리고 수많은 겨레문화 동지들께 머리 숙여 고맙다는 말씀 드린다.

무자년 입춘
용머리골에서 김영조

차례

추천의 말 따뜻한 우리 문화의 길잡이 | 이상규 … 4
추천의 말 우리 문화를 알고 싶으면 이 책을 읽어라 | 이생강 … 6
추천의 말 외국에 사는 한국인에게 꼭 필요한 책 | 신부영 … 8
지은이의 말 겨레문화가 활짝 꽃피기를 비손하며 … 10

1. 자연과 함께하는 살림살이

당신의 몸에서도 향기가 나나요? … 18
솔바람 맞고, 솔향기 맡고 … 24
우리는 황토 위에서 참되었다 … 34
뒷간, 밥을 다시 생산하는 시설 … 39
천 년을 썩지 않는 한지에 담긴 사랑 … 47

2. 건강을 지켜 주는 전통 먹거리

누룽지, 비만을 극복하는 또 다른 희망 … 56
풀을 남겨두면 농작물이 산다 … 61
우리 얼굴은 원래 네모였다 … 66
다갈색 차 한 잔, 그 안의 진실과 행복 … 73

3. 몸을 자유롭게 하는 우리옷

한복, 그 아름다움 속에 숨겨진 과학 … 82
반소매 한복, 사철한복 있어요? … 87
젖가슴을 드러낸 저고리, 무지갯빛 무지기 속치마 … 93

4. 모두가 하나 되는 굿거리

거문고를 연주하니 검은 학이 춤추었다 … 102
대숲의 소리, 대금 … 111
풍물판에서 왕초보가 징채를 잡다 … 116
추임새로 만들어 가는 판소리의 미학 … 124
물참봉 도깨비, 그는 누구일까? … 132

5. 소통을 위한 바른 말글생활

당신은 한글을 아시나요? … 142
세종임금, 명나라를 따돌리고 훈민정음을 창제하다 … 150
시각장애인에게 벼슬을 준 세종, 500년 뒤를 내다보다 … 156
뜨게부부는 가시버시가 아니다 … 163
'효도해야 할 것 같아요'란 이상한 말 … 171
'축제' 대신 '잔치', '만땅' 대신 '가득'이라 쓰세요 … 176

6. 더불어 살기 위한 명절 세시풍속

설날은 낯설고, 삼가는 날 … 188

탑돌이와 보름병, 정월대보름은 토종 연인의 날 … 198

양기 왕성한 날, 단오엔 부채를 선물하자 … 206

유두, 불편했던 이웃과 함께 웃는 날 … 214

복날은 탁족·회음·복달임 하는 날 … 218

이열치열과 등거리, 그리고 죽부인 … 225

한가위 전날 발가벗고 '밭고랑기기' 하는 아이들 … 229

동지에는 며느리가 시어머니에게 동지헌말을 드렸다 … 238

참고 자료들 … 245

자연과 함께하는 살림살이

당신의 몸에서도 향기가 나나요?
솔바람 맞고, 솔향기 맡고
우리는 황토 위에서 참되었다
뒷간, 밥을 다시 생산하는 시설
천 년을 썩지 않는 한지에 담긴 사랑

당신의 몸에서도 향기가 나나요?

　김춘수 시인은 〈꽃〉이라는 시에서 빛깔과 향기를 노래한다. 빛깔과 더불어 향기가 없으면 꽃이 아니란다. 이런 향기는 우리에게 무엇일까? 어떤 의미일까? 어떤 사람은 살짝 스치는 여인의 머리에서 나는 향을 좋아하고, 어떤 사람은 '샤넬 넘버9'를 좋아하고, 어떤 사람은 어머니의 젖냄새를 좋아하고, 어떤 사람은 커피향을 좋아하고, 어떤 사람은 아까시 향을 좋아한다.
　세상엔 참으로 향기가 많다. 꽃향기가 있는가 하면 풀향기가 있고, 그런가 하면 음악의 향기가 있다. 숲향기, 자연의 향기, 보랏빛 향기, 천년의 향기, 여름 향기, 고향의 향기, 흙의 향기, 절의 향기, 신록의 향기, 연인의 향기, 전통의 향기, 문학의 향기, 입술의 향기, 아기의 향기, 먹향기, 누룽지 향기가 있는가 하면 우리가 추구해야 할 나눔의 향기도 있다.
　어린 시절 저녁 무렵 굴뚝에 피어오르는 연기를 볼 때마다 나는 부엌에 들어가 어머니가 새까만 가마솥 뚜껑을 열 때 풍겨오는 구수한 밥냄새를 맡았다. 그 냄새는 나를 한없이 행복하게 했다. 어머니

냄새와 함께 이 세상에 어떤 것도 부러울 것이 없는 순간이었다. 소나무 장작 냄새도 좋았다. 솔가지를 분질러 아궁이에 불을 때고 나면 송진이 묻어 손이 새까매졌지만 송진 냄새는 싫지 않았다. 또 어머니가 방망이로 옷을 두드릴 때 나는 무명 옷감 냄새도 아련한 추억으로 남아 있다.

이렇게 세상은 향의 천지다. 향기가 없으면 악취라도 나는 것이 세상이다. 누가 악취를 좋아하랴. 사람들은 예부터 향과 함께 생활해 왔다. 그 예는 경복궁에서도 찾을 수 있다. 경복궁 안에는 1867년 고종이 건청궁 남쪽에 못을 파 향원지(香遠池)로 이름 지은 작은 연못이 있다. 못 가운데는 섬처럼 떠 있는 향원정(香遠亭)과 이 정자로 이어지는 구름다리 취향교(醉香橋)가 있다. 이곳은 이름처럼 온통 '향기'의 세상이다.

옛 사람들의 향생활

그런가 하면 우리 겨레는 선비가 사는 집을 '난 향기가 나는 집'이라 하여 '난형지실(蘭馨之室)'이라 했다. 예부터 선비들은 운치 있는 네 가지 일(四藝)로 차를 마시고, 그림을 걸고, 꽃을 꽂고, 향을 피우고 즐겼다 한다. 심신수양 방법으로 방안에 향불을 피운다 하여 '분향묵좌(焚香默坐)'라는 말도 있다.

우리 옛 여인들의 몸에선 항상 은은한 향이 풍겼고, 향수와 향로 제조 기술은 어진 부인의 자랑스러운 덕목이었다 한다. 신라 진지왕은 도화녀와 잠자리를 할 때 침실에서 향을 사용했는데 그 향내가 이레 동안이나 지워지지 않았다는 기록이 있다. 또 신라 시대에는 아랍 지역에 사향과 침향을 수출하였고, 일본에도 용뇌향을 비롯한 여러 종류의 향을 수출하였다 한다. 중국 문헌에 보면 신라에서는 남녀노소가 신분의 귀천에 관계없이 향주머니를 찼다는 기록이 나온다.

또《고려도경(高麗圖經)》을 보면 고려에는 향을 끓여 옷에 향기를 쐬는 '박산로(博山爐)'가 있었다. 또 고려 귀부인들은 비단 향주머니 차기를 좋아했으며, 흰 모시로 자루를 만들어 그 속을 향초(香草)로 채운 자수 베개를 즐겨 썼다 한다.

이 외에도 고려인들은 난초를 우린 물을 담은 난탕(蘭湯)에서 목욕을 하여 몸에 향내가 났으며, 초에 난초 향유를 혼합해 방안에 향내가 그윽하게 하였다는 기록도 있다. 향을 먹은 향낭(香娘, 동정녀)을 부여안고 회춘을 기대했다는 기록을 보면 고려시대와 조선시대에 일부 사람들은 향을 먹기도 한 것 같다. 조선시대엔 부부가 잠자리에 들 때 사향을 두고 난향의 촛불을 켜두었다. 모든 여자들이 향주머니를 노리개로 찰 정도였다. 부모의 처소에 아침 문안을 드리러 갈 때는 반드시 향주머니를 차는 것이 법도로 되어 있었다.

향은 건강을 지키는 도구였다

옛 사람들, 특히 여성들이 가장 즐겨 사용한 향은 사향이었다고 하는데, 사향이 우리나라 팔도 각지에서 생산되었기 때문이기도 하지만 무엇보다 상비약품으로 효용가치가 높았던 것이다. 사향은 뭉

1993년 부여 능산리에서 발굴된 동아시아 최고 향로
백제금동대향로(百濟金銅大香爐)

친 피를 녹이는 작용을 하며, 토하고 설사하고 배가 아픈 '토사곽란'을 진정시킨다 한다. 그뿐 아니라 흥분제로도 쓰였다. 또 난초에서 얻는 난향은 우울증을 풀어주고 흥분을 진정시킨다 하는데, 향유병을 비롯하여 향로, 향꽂이, 향주머니, 향집, 향갑 등 향 도구도 매우 다양했다. 향은 시전에서 판매되기도 했지만 대부분 가정에서 만들어 썼다.

예부터 향은 건강을 지키기 위한 도구로 사용했다. 다시 말해 향 생활이야말로 우리 건강을 지키는 데 좋은 방법이라는 것이다. 부산교통공단은 높은 기온과 습도로 불쾌지수가 높은 여름철을 대비해

6월부터 11월까지 부산지하철 1, 2호선 모든 전동차에 레몬향 등 천연 허브방향제를 설치했다. 그만큼 향생활에 대한 가치를 현대인들도 느끼기 시작한 것이다. 하지만 더욱 중요한 것은 향이 단순히 육체적인 약제로 쓰이는 것뿐 아니라 정신생활에 미치는 영향도 상당하다는 것이다.

어떤 이는 말한다. 여름철에 벌레를 쫓으려고 피우는 모깃불도 이 향문화의 한 갈래이고, 추석에 먹는 솔잎 향기가 밴 송편과 이른 봄의 쑥과 한중막 속의 쑥냄새, 그리고 단오날 머리를 감는 창포물도 우리 삶을 건강하게 만드는 향기의 하나였다고 말이다. 또 장롱 안에 향을 피워 향냄새를 옷에 배게 하여 늘 옷에서 스며 나오는 향기를 즐기기도 하고, 옷을 손질하는 풀에 향료를 넣어 옷에서 절로 향기가 스며 나오게도 하였다.

그러나 이런 향문화는 외국의 향과 향수에 밀려 촌스러운 것 또는 하찮은 것으로 전락하고 말았다. 도대체 그 향기는 다 어디로 간 것일까? 지금 우리나라 향은 일제강점기와 6·25 그리고 개발독재시대를 지나 정신보다는 물질시대가 되면서 잊혀지고 말았다. 향을 수출하고, 천 년 뒤 후손에게 물려줄 향을 묻던 고려인들의 마음은 이미 사라졌다.

'향(香)'이란 글자는 벼 '화(禾)' 자에 날 '일(日)' 자가 보태진 것

고려 말, 조선 초에 민중들의 염원이 담긴 '매향의식'이 있었다. 이는 왜구에게 침탈당한 서민들이 먼 훗날 미륵이 오셔서 구원해 줄 것이란 믿음으로 향나무를 바닷가 개펄에 묻는 의식이다. 하지만 그들은 어떤 사람들이 쓸지도 모를 향나무를 묻었다. 누군지 모를 어느 사람과 함께 향을 나눌 수 있는 그 뜨거운 마음이야말로 향생활의 진정한 의미를 이야기해 주고 있는 것이 아닐까? 또 남에게 악취가 아닌 기분좋은 향기를 나눠 주는 것이야말로 '더불어 사는 삶'의 실천이다.

 한자말 향(香)이란 글자는 벼 화(禾) 자에 날 일(日) 자가 보태진 것, 즉 벼가 익어 가는 냄새를 향이라 하는 것이다. 다시 말하면 사람을 살리는 물질에서 향기가 난다는 얘기다. 또 향을 싼 종이에서는 향기가 우러나온다. 이 말을 우리 삶에 도입해 보자. 삶의 내면에 뭐가 들어 있는가에 따라 향기를 품고 사는지, 아니면 악취를 안고 사는지 그 사람의 품격이 결정된다고 하겠다.

 내 몸에서도 향기가 났으면 좋겠다. 그래서 남을 즐겁게 하고, 또 동시에 내가 건강할 수 있으면 좋겠다.

솔바람 맞고, 솔향기 맡고

저들에 푸르른 솔잎을 보라
돌보는 사람도 하나 없는데
비바람 맞고 눈보라 쳐도
온 누리 끝까지 맘껏 푸르다
서럽고 쓰리던 지난날들도
다시는 다시는 오지 말라고
땀 흘리리라 깨우치리라
거치른 들판에 솔잎 되리라.

우리 귀에 익은 양희은의 노래 〈상록수〉다. 소나무처럼 꿋꿋하고 푸른 삶을 꿈꾸며 이 노래를 불렀을 것이다. 그리고 안치환의 〈솔아 솔아 푸르른 솔아〉는 군사독재시대의 억눌린 가슴을 다독거려 주는 위안이었다.

한국과 한국인의 뿌리를 보여 주는 보편적인 상징물이 무엇일까? 한글, 김치, 고려인삼, 한복, 호랑이, 태극 등 많은 것이 있다. 하지만 오랜 옛날부터 우리 가슴속에 깊이 자리잡아 온 '소나무'도 그에 빠지지 않는다. 예부터 수많은 전설과 그림, 문학작품 등에 자주 등장하는 소재였고, 특히 고향 생각을 할 때 늘 떠오르는 것이 마을 뒷동산에 구부정하게 서 있는 소나무다.

나무의 으뜸, 소나무의 이름

소나무는 솔, 참솔, 송목, 솔나무, 소오리나무로 부르기도 한다. 소나무는 '솔'과 '나무'가 합쳐진 말로 '솔'은 '으뜸' '우두머리'를 뜻하는 '수리'가 변화한 것으로, 솔은 나무의 으뜸이라는 의미다.

강원도 인제 산중턱에 있는 소나무

한자로는 '송(松)'이라 하는데 나무 '목' 자 오른쪽에 '공(公)' 자가 붙은 것은 소나무가 모든 나무의 윗자리에 있다는 것을 뜻한다.

또 중국 진시황제가 길을 가다가 소나기를 만났는데 소나무 덕에 비를 피할 수 있게 되자 고맙다고 공작벼슬을 주어 '목공(木公)'이라 하였는데, 이 두 글자가 합쳐져서 '송(松)' 자가 되었다는 말도 전해진다. 의학서《본초강목》에는 "소나무는 모든 나무의 어른이다"는 말도 있다. 소나무는 또 줄기가 붉다 하여 적송(赤松), 내륙지방에서 많이 자란다 해서 육송(陸松), 바닷가에서 자라는 해송(海松)보다 잎이 연하여 여송(女松)이라고도 불린다.

우리나라 소나무의 으뜸은 금강송(金剛松)이다. '금강송'은 태백산맥 줄기를 타고 금강산에서 울진, 봉화를 거쳐 영덕, 청송 일부에 걸쳐 자라는 것으로 줄기가 곧고 마디가 길다. 또 나무줄기가 좁고, 나이테 폭이 균일하고 좁으며, 껍질이 유별나게 붉다. 이 소나무는 금강산의 이름을 따서 금강송이라 부르며 '춘양목(春陽木)'이라고도 한다. 나무를 켜면 결이 곱고 단단하며 굽거나 트지 않고 잘 썩지도 않아 소나무 중에서 가장 좋은 것으로 쳤다.

소나무에 나서 소나무에 죽는다

우리나라 땅이름 가운데 소나무 '송' 자가 들어가는 곳이 무려 681곳이나 된다. 이것은 우리 겨레가 소나무와 함께 살아온 증거다. 우리는 소나무로 만든 집에서 태어나고, 태어난 아기를 위해 솔가지를 매단 금줄을 쳤으며, 소나무 장작불로 밥을 해먹고, 아궁이에 불을 때서 잠을 잤다. 가구를 만들고, 송편을 해 먹었으며, 솔잎주와 송화주(松花酒), 송순주(松筍酒)를 빚었다. 송홧가루로 다식(茶食)을 만들어 먹고, 소나무 뿌리에 기생하는 복령(茯笭)은 약제로 쓰이며, 송이버섯은 좋은 음식재료다.

또 소나무 뿌리로 송근유(松根油)라는 기름을 만들어 불을 밝혔고, 소나무를 태운 그을음인 송연(松烟)으로 먹(墨)을 만들어 글을 쓰고 그림을 그렸다. 송진이 뭉친 호박으로 마고자 단추를 해 달았고, 흔들리는 소나무의 운치 있는 맑은 소리를 즐겼으며, 소나무 그림의 병풍을 펼쳐 두고 즐겼다. 그리고 죽을 때는 소나무 관에 묻혀 자연으로 돌아감으로써 마지막 순간까지도 소나무에 신세를 졌다고 해야 할 것이다.

경복궁 등 조선시대 궁궐을 모두 소나무로만 지었는데, 이는 나뭇결이 곱고 나이테 사이의 폭이 좁으며 강도가 높아 잘 뒤틀리지 않으면서도 벌레기 먹지 않고 송진이 있어 습기에도 잘 견뎠기 때문이라 한다. 지금도 계속되고 있는 경복궁 복원 공사에도 당연히 소나무만 쓰기로 했는데, 목재가 부족하자 중국의 백두산 미인송을 수입하기로 했으나 강도가 약하여 미국의 홍송을 들여와 문제가 되기도 했다.

나무 속이 누런 나무를 황장목(黃腸木)이라 불렀으며 '황장금표'라는 팻말을 세워 보호하는 데 힘썼다. 또 정조임금 때는 '송목금벌(松木禁伐)'이라 해서 소나무 베는 것을 금지하기도 하였다. 이 황장목만 건축재로 쓰고 죽은 사람의 관을 짰다 한다. 또 당시에 가장 중요한 수송수단이던 배를 만드는 재료로 썼다.

인격이 부여된 특별한 소나무

경북 예천에 있는 '석송령(石松靈)'이라는 소나무는 종합토지세를 내는 특이한 나무다. 70여 년 전에 이 마을에 살던 한 노인이 재산을 물려줄 후손이 없자 이 소나무에게 토지를 물려주게 된 것이 그 연유다. 석송령 소유의 토지에서 나오는 수익으로 해마다 이 마을 학생들에게 장학금도 준다. 마을 주민들은 나무를 관리하기 위해 석송계를 조직하고 매년 정월 보름을 기하여 마을의 번영과 풍년을 기원하는 제사를 지내고 있다.

또 충북 보은 내속리면 속리산 들머리의 천연기념물 제103호 '정이품송(正二品松)'은 600년 동안 벼슬을 유지하고 있다. 악성 종양으로 고생하던 세조가 이 절의 복천암 약수가 좋다 하여 찾아가던 중 한 소나무 밑을 지나가게 되었는데, 이 소나무 가지에 가마가 걸릴까 봐 "연 걸린다"고 꾸짖자 이 소나무가 가지를 번쩍 들어 무사히 지나가게 해주었다. 뒷날 세조는 이 소나무에 정이품 벼슬을 내렸다 한다. 지금은 가지가 잘려나가 위엄 있는 모습이 많이 사라져서 안타깝다.

또 정이품송이 있는 곳에서 멀지 않은 마을에 '정부인 소나무'가 있는데, 정이품송을 남편으로 한 암컷 소나무다. 보통 밑동부터 가지가 두 갈래로 갈라져 나온 소나무를 암소나무라 하며, 정이품송과 연결하여 정부인 소나무로 불린 듯하다. 천연기념물 제352호로 역시 나이는 약 600살이다.

그런가 하면 충북 괴산에 있는 '왕소나무'는 줄기가 마치 용이 휘

종합토지세를 내는 소나무 석송령

감고 올라가는 듯하다 하여 용송(龍松)이라 부르는데, 약 600살로 짐작하고 있다. 경북 청도 운문사 경내에 있는 '낙락장송'이라는 400여 년 된 노송은 매년 두 번, 봄가을로 막걸리를 한꺼번에 12말씩이나 마시는 호걸 소나무로도 유명하다. 이 소나무는 나이를 먹을수록 가지 끝이 땅을 향해서 곤두박질하는데, 그래서 이름이 낙락장송이다.

희귀한 소나무도 있다. '두 뿌리 한 몸 소나무'가 그것인데, 1997년 충북 괴산 청천면의 두우봉 기슭에서 발견된 것으로 나이가 60년쯤 된다. 이 나무는 서로 다른 뿌리에서 자라난 두 그루가 높이 3미터 쯤에서 한쪽 나무가 다른 나무를 파고들어간 모습을 하고 있다.

소나무의 약용과 식용

솔잎에는 단백질, 칼슘, 비타민 등이 많이 들어 있어 생식하면 피로 회복이 빠르고 각종 위장병이나 중풍, 신경통, 빈혈 등에 효과가 있는 것으로 알려졌다. 또 장기간 생식하면 늙지 않고 몸이 가벼워지며, 힘이 나고 흰머리가 검어지고, 추위와 배고픔을 모른다고 해서 신선식품이라 했다. 《동의보감》에도 "솔잎은 바람과 습기 때문에 생긴 병을 다스리고 머리털을 나게 하며 오장을 편하게 하고, 곡식 대용으로 쓴다" 했다.

현대 과학에서도 솔잎에 들어 있는 옥실팔티민산이 젊음을 유지시켜 주는 강력한 작용을 한다고 한다. 한방에서는 솔잎으로 약술을 빚어 복용하는데, 염증을 없애거나 통증을 진정시키고, 피를 멎게 하며 습진, 옴, 신경쇠약증, 탈모 등의 치료에 쓰인다. 솔잎에는 탄닌 성분이 들어 있어 설사를 멈추는 데에도 쓰이고 클로로필을 분리하여 피부 질환 고약의 원료로 이용되기도 하며, 이외에도 중풍으로 입과 눈이 삐뚤어졌을 때, 감기 기운이 있을 때에도 효과가 있다.

솔잎은 솔잎차, 솔잎주를 빚어 마시고, 솔잎베개를 만들어 쓰며, 솔잎을 온돌방에 깔고 누워 땀을 내는 솔잎땀으로 활용하기도 한다. 소나무 마디(송절)는 송진이 많은데 마디 부분을 잘라낸 뒤 껍질을 벗기고 송진이 밴 속줄기를 햇볕에 말려 사용한다. 풍습을 없애고, 경련을 멈추게 하며, 경락을 통하게 하고, 아픔을 멈추게 하는 작용으로 뼈마디 아픔, 경련, 각기, 타박상 등에 쓰이고, 솔마디로 송절주(松節酒)도 빚어 마신다.

그런가 하면 솔씨도 유용하다. 솔씨는 한기가 느껴질 때, 몸이 약해져 기운이 없을 때 좋다. 또 솔엿도 만들어 먹는다. 솔엿은 맛도 좋고 먹기도 편리한데 소나무 뿌리로 만든다. 황토에서 자란 10년 내지 20년 된 소나무의 동쪽으로 나 있는 뿌리만을 캐어 여러 가지 약재를 섞어 엿을 고면 맛도 좋고 신경통, 관절염, 산후풍 등에 좋다 한다.

월남 이상재 선생의 응접실, 소나무 바위

일제강점기에 '소나무 망국론'이 일었던 적이 있는데, 이것은 1922년 일본의 임학자 혼다 세이로쿠가 쓴 글 때문이다. 소나무가 많은 한국은 국운이 기운 것은 물론이고 산의 기력까지 쇠진하여 희망이 없으므로 일본의 속국이 될 수밖에 없다는 주장이다. 소나무는 척박한 땅이나 바위에서도 잘 자라는 특성을 놓고 그렇게 말

민족지도자 월남 이상재 선생

한 것인데, 일본인들과 친일파들의 궤변이 기가 막히다.

'소나무 망국론'이 한창 기세를 올리고 있을 때 월남 이상재 선생의 일화는 새겨볼 만한 이야기다. 일본의 저명한 정치가 오자키가 당시 한국의 민족지도자들을 두루 방문하던 중 월남 선생 댁을 찾아갔다. 그때 월남 선생은 집 뒤의 산에 올라가서 소나무 밑 너럭바위

에 돗자리를 깔고, 응접실이라 했다. 나중에 오자키는 "조선에 가서 무서운 영감을 만났다. 무엇보다도 그가 나를 데려간 뒷동산의 몇 아름 되어 보이는 소나무 밑에 꼿꼿이 앉아서 일본의 침략을 꾸짖는 그의 모습은 한마디로 존경스러웠다. 그는 세속적인 인간이 아니라 몇백 년 된 소나무와 한몸처럼 느껴졌다"고 회상했다.

　박희진 시인은 "하루 한 번은 소나무 아래에 좌정하여 명상에 잠겨 보라고" 권한다. 그러면서 "종일 솔숲에서 솔바람 들었더니 이 몸에서도 솔향기가 난다"고 했다. 소나무에서 뿜어져 나오는 피톤치드로 건강을 지켜나가자. 가끔 솔숲에서 솔바람 소리를 들으며 세상의 찌든 때를 씻어내면 행복해지지 않을까?

소나무 속담

가랑잎이 솔잎더러 바스락거린다고 한다 : 가랑잎이 솔잎보고 바스락거린다고 야단친다는 말이니 자기 나쁜 점을 모르고 오히려 다른 사람을 탓한다는 뜻. 남의 작은 허물을 나무라는 어리석은 행동을 이르는 말

겨울이 다 되어야 솔이 푸르름을 안다 : 어려운 때를 당해야 사람의 진가를 알 수 있다는 말

굽은 소나무가 고향 지킨다 : 못난 듯이 보이는 것이 도리어 나중까지 소용이 된다는 뜻

못된 소나무에 솔방울만 많다 : 못된 것이 도리어 성해지는 경우를 이르는 말. 지력이 척박한 땅에서 나는 소나무 중 솔방울이 많이 달린 도깨비방망이소나무와 다닥다닥소나무를 보고 일컫는 말로 보인다.

배꼽에 노송나무 나거든 : 자기가 죽어서 땅에 묻혀 배꼽에 노송나무가 생길 때라는 말이니 가망이 없다는 뜻으로 쓰는 말

솔잎이 버썩하니 가랑잎이 할 말이 없다 : 큰 걱정이 있는데 자기보다 정도가 덜한 사람이 먼저 야단스럽게 떠들고 나서니, 어이가 없어 할 말이 없다는 뜻

솔잎이 파라니까 오뉴월로 안다 : 걱정거리가 겹쳤는데, 그런 줄은 모르고 작은 일 하나 되는 것만 보고 속없이 좋아라고 날뜀의 비유

잔솔밭에서 바늘 찾기 : 무엇을 고르거나 찾아내기 어려움을 형용하여 이르는 말. 아무런 결실도 얻지 못할 뻔한 헛수고의 비유

우리는 황토 위에서 참되었다

고은 시인은 다음과 같이 '황토'를 노래했다.

우리는 유사 이래
하늘보다
황토 위에서 참되었습니다.
그런데도 우리는 역사를
이와 반대로 써 왔습니다.
민중이란 섬기는 사람이 아니라
날마다 일하는 사람입니다
정든 쇠스랑 박고 바라보면
재 너머로 넘어가는
끝없는 황톳길이 우리 절경입니다.

요즘 참살이(웰빙) 바람과 함께 황토는 더욱 인기를 끌고 있다. 새집중후군이 큰 문제가 되면서 황토집이 관심을 끌고 있으며, 아파트도 황토로 지으면 분양 걱정을 안 해도 된단다. 그래서 건설업체들도 황토 성분이 든 건축자재 개발에 열심이다.

그런가 하면 황토지압보도, 황토산책로, 황토체험마을, 황토공원이 곳곳에 생기기 시작했고, 황토찜질방, 황토속옷, 황토이불, 황토마스크팩, 황토팩, 심지어 황토로 만든 쌀독, 보온병, 콩나물시루가 나오는가 하면 황토관(棺)까지 등장했다. 음식과 식품엔 황토메주된장, 황토양파, 황토마늘, 황토배추, 황토배, 황토한우, 황토포크, 황토토종닭, 황토소금, 황토쌀, 황토곶감, 황토오리구이가 나왔는가 하면, 황토참붕어중탕, 순황토한정식 카페까지도 나올 정도로 인기를 끌고 있다. 황토가루를 파는가 하면 도심 한복판에서는 황토명상방이 성업중이다.

또 황토가 병원에까지 등장했다. 서울 강남의 한 병원에 황토방이 들어선 것이다. 산모문화센터를 신축하면서 산후 회복용으로 만들었는데, 원적외선이 나온다는 황토방의 효험을 보기 위해 산모들의 발길이 이어진다고 한다.

황토, 원적외선의 보물창고

한국토종야생산야초연구소 전동명 소장은 "황토는 우리 조상 대대로 이용되어 온 보배로운 흙"이라고 말한다. 그도 그럴 것이 예전에는 황토벽돌로 집을 짓고 황토물을 가라앉혀 그 물을 마셨으며, 소에게도 황토를 먹였다. 또 광목자루에 쌀을 씻어 황토에 묻힌 다음 그 위에 불을 놓아서 밥을 해 먹었다. 약으로 쓰인 것은 물론 아이들이 손가락으로 벽을 긁거나 입으로 핥아먹기도 하였으니 그렇게 말할 법도 하다.

《동의보감》을 보면 좋은 황토는 성질이 평하고, 맛이 달며, 독이 없다. 설사와 피똥 싸는 설사병인 '적백이질', 열독으로 뱃속이 비트는 것처럼 아픈 것을 치료한다. 또 약에 중독된 것, 고기에 중독된 것, 입이 벌어지지 않은 조피열매에 중독된 것, 버섯에 중독된 것을 푼다고 한다. 또 이시진의 《본초강목》에는, 황토는 흙 중에서 가장 약성이 강하여 약재에 넣는 흙으로 많이 쓰이는데, 약재에는 대부분 독성이 있어 황토를 섞음으로써 독이 줄어들고, 독성이 없는 약재도 황토가 약재의 약성을 높여 준다 하였다.

황토를 물에 가라앉힌 것을 '지장수(地漿水)'라 하는데, 역시 《동의보감》에 "성질이 차고 독은 없으며, 여러 가지 중독을 푸는 것은 물론 산에서 독버섯을 먹었을 때는 오직 지장수로만 나을 수 있다"고 적혀 있다.

황토는 표면이 넓은 수많은 '벌집구조'로 되어 있다. 이 스펀지 같은 구멍 안에는 원적외선이 많이 저장되어 있어 열을 받으면 발산하여 신진대사와 혈액순환을 도와주고, 노화방지는 물론 만성피로, 각종 성인병 예방에 효과가 큰 것으로 알려졌다. 그리고 황토에서 자란 인삼, 은행잎은 세계에서 우수성을 인정받고 있으며 김치, 된장, 간장 등은 황토에서 자란 배추나 콩을 썼을 때 발효가 잘 된다.

황토의 좋은 점은 다음의 아홉 가지다. 황토는 공기가 잘 통해 숨을 쉴 수 있도록 하며, 습도 조절 능력이 우수하고, 항균 효과가 뛰어남은 물론 곰팡이가 피지 않는다. 또 냄새를 없애 주는가 하면 방

열 효과가 좋고, 높은 온도를 오랫동안 지속하며, 원적외선 방사량이 많다.

황토와 동물과의 관계에서 보면 소는 여물을 먹고 난 뒤 황토로 제독을 하고, 개는 속에 탈이 날 때 황토구덩이에 배를 깔고 단식을 한다. 또 닭은 쑥밭 근처의 황토로 목욕하여 병을 치료하고, 곰은 상처를 흙탕물에 담가 치료하며, 잉어가 병이 나면 연못에 황토를 넣어 처방한다고 한다.

황토목욕법과 황토의 활용

눈이 피로해 눈곱이 끼거나 가벼운 안질에 걸렸을 때 지장수로 씻으면 효과가 있다. 채소나 과일에 남아 있는 농약을 씻어내는 데도 화학세제보다 더욱 안전하다고 한다. 이 황토로 목욕을 하는 황토목욕법도 있다. 황토욕법은 야산 경사지에서 흙을 1미터 정도 파고들어가 목만 내놓은 채 흙으로 온몸을 덮은 뒤 휴식을 취하면 된다. 황토욕을 하기에는 여름철이 좋으며 일 년에 단 한 번만 해도 충분히 건강을 유지할 수 있다 한다.

황토목욕은 집에서도 할 수 있다. 무명자루에 황토 한두 되 정도를 담아 묶어서 섭씨 38~40도 되는 욕조에 넣으면 물에 황토가 옅은 노란색으로 퍼지는데, 이때 욕조에 들어가면 된다. 욕조에 몸을 담근 뒤 15분 정도 지나면 몸속의 노폐물이 제거되고 피부미용에 아주 좋다.

또 황토를 무명자루에 넣어 아랫목에 묻어 둔 다음 자루가 뜨거워지면 아픈 곳에 갖다 대거나 베고 누워도 좋다. 감기에 걸렸을 때도 황토자루를 만들어 등에 대고 하룻밤 자고 나면 몸이 가벼워진다. 그뿐만 아니라 황토는 여성들의 마사지 재료로 쓴다. 가제 주머니에 죽염이나 볶은 소금, 레몬즙과 황토를 섞어 반죽한 것을 넣고 세수를 한 직후에 주머니를 얼굴에 대고 꾹꾹 누르다가 피부에 흙의 감촉이 느껴지면 떼어낸다. 이 미용법은 피부가 매끈해지는데 지장수를 이용해도 같은 효과를 볼 수 있다.

  황토는 먹고, 바르며, 집을 짓는 데도 유용하게 쓰이지만 천에 염색하여 쓰기도 한다. 화학재료는 염색과정에서 이미 공해물질이 배출되는데 천연재료는 그렇지 않다. 요즘은 황토염색 옷감으로 만든 속옷과 생활한복, 이불도 나온다. 천연섬유에 원적외선이 나오는 황토염색 옷은 입고 있는 동안 황토의 여러 가지 효능을 볼 수 있으니 얼마나 좋겠는가.

뒷간, 밥을 다시 생산하는 시설

지난 2001년 한국불교 태고종(太古宗)의 총본산인 순천 선암사(仙巖寺)에서 차의 성인으로 불리는 지허 스님을 뵙고 절을 돌아보는데 아담하고 정겨운 정(丁)자 모양의 집 한 채가 눈에 들어왔다. 집치고는 좀 이상했다. 자세히 보니 '싼뒤'라는 팻말이 붙어 있다. 웬 싼뒤? 고개를 갸우뚱하다 옛 사람들이 글씨를 오른쪽부터 썼다는 데 생각이 미친다. 아하, '뒷간'의 옛말임을 드디어 깨닫는다. 안쪽을 다시 보니 '대변소(大便所)'라는 글씨가 보인다.

이 뒷간은 유명한 곳이다. 전통 절집 화장실로 환경친화적인 이층 구조여서 재래식 변소지만 냄새도 안 나고 밑에서는 바로 거름으로 쓸 수 있다 한다. 또 나뭇결을 잘 살려 지은 아름다운 건축물로 유일하게 문화재자료 제214호로 지정되어 있다. 전남지역 뒷간의 전형적인 평면구조인 '정(丁)'자형 건물로 가장 오래됐기 때문이다. 또 현존하는 절집 뒷간 중 가장 크다. 가로 10미터, 세로 3.8미터, 깊이 5미터로 동시에 남자 8명과 여자 6명이 일을 볼 수 있는 규모다.

그 후 몇 년 뒤 명당을 연구하는 사람들과 대명당이라는 선암사를

순천 선암사의 전통 뒷간

다시 찾았는데, 이 뒷간도 대명당이라 한다. 그래서 사람들은 명당의 기운을 받으려고 뒷간에 머물다 왔다며 의미심장한 미소를 짓는다.

뒷간의 다른 이름들

뒷간을 가리키는 말은 참 많다. 변소(便所)·서각(西閣)·정방(淨房)·측간(厠間)·측소(厠所)·측실(厠室)·측옥(厠屋)·측혼(厠溷)·모측(茅厠)·청(圊)·청측(圊厠)·회치장(灰治粧)·세수간(洗手間)·북수간(北水間) 등으로 불렸으며, 절에서는 해우소(解憂所)·해우실(解憂室)이라 하고, 요즘은 보통 화장실(化粧室)로 통한다. 변소라는 말은 일제강점기 때 쓰기 시작하였다.

서각(西閣)은 우리나라 집들이 남향이기 때문에 뒷간이 통풍이 잘 되는 서쪽에 있어서 붙여진 이름이다. 측간처럼 뒷간에 곁 '측(廁)' 자를 붙인 것은 집에서 보았을 때 한쪽 편에 자리를 잡고 있기 때문이고, 모측(茅廁)이라 부르는 것은 짚으로 엮어 뒷간을 만든 때문에 띠 '모' 자를 쓴 것이다. 또 북수간(北水間)이라 부른 까닭은 사람의 몸 앞쪽은 남쪽, 뒤쪽은 북쪽이라고 보아 몸의 뒷부분을 씻는 뒷물을 북수라고 부른 데서 온 것이다. 그런가 하면 뒷간을 '작은 집' '급한 데' '일보는 데'라고 돌려서 말하기도 한다.

해우소와 해우실은 '근심을 푸는 방'이라는 뜻으로 절에서 쓰는 말인데, 동학사 뒷간에 '해우실'이라는 팻말이 붙어 있고 뒷간에 이르는 다리에도 해우교(解憂橋)라 새겨 놓았다. 온 나라 절의 해우소를 3년이나 찾아다니며 토종 뒷간을 연구해 온 홍석화 씨는 위치·구조·모양새가 전국 최고라는 선암사 해우소, 전면 3면이 연밭으로 웅장함을 자랑하는 순천 송광사 해우소, 토종 해우소의 전형이라는 불일암 해우소, 고산지대 바위 틈새를 이용한 청량산 해우소, 영월 보덕사 해우소 등 옛 모습을 간직한 이곳은 꼭 들러볼 만한 가치가 있다 한다.

사람은 뒷간에서 똥을 누지만 개는 아무 데서나 똥을 싼다. '싸다'는 "똥이나 오줌을 참지 못하고 함부로 누다"로 때와 장소를 가리지 않고 마구 싸는 것을, '누다'는 사람처럼 사리분별이 있어 눌 때와 눌 장소를 가리는 경우를 말한다. 따라서 사람들에게 우리말을 쓴다며 "똥을 싼다"고 말하는 것은 삼가야 한다. 그런데 애완견처럼 똥을 정한 곳에서만 싸는 경우도 "똥을 누다"라고 해야 할까?

뒷간 대신 이동식 요강

요즘 요강을 쓰는 집은 거의 없다. '사돈과 뒷간은 멀수록 좋다'는 속담처럼 뒷간은 집과 떨어져 한쪽에 있었는데, 이젠 집 안에 자리를 잡았다. 그래서 요강을 준비할 필요가 없어진 것이다. 요강은 밤에 뒷간에 가는 번거로움을 더는, 한마디로 실내용 간이화장실 또는 이동식 변기인 셈이다.

부잣집에는 요강 닦는 일을 도맡아하는 '요강 담사리'를 따로 두기도 했지만, 보통 부인네들은 아침이면 요강을 씻는 일로 하루를 시작했다. 요강은 놋대야와 함께 여자들의 혼수 가운데 필수품이었다. 혼례를 치르는 신부의 가마 속에도 반드시 요강을 넣어 두는데, 쌀겨나 솜, 모래를 살짝 깔고 물을 자작자작하게 부어 소변을 볼 때 소리가 나지 않도록 배려했다. 조선시대에는 놋쇠나 사기요강 말고도 오동나무나 쇠가죽에 옻칠을 하거나 기름을 먹인 것들도 있었다.

1979년 3월 부여 군수리에서 이상한 모양의 그릇이 출토되었다. 마치 동물이 앉아 있는 모습으로 얼굴 부위에는 둥그렇게 구멍이 뚫려 있는데 높이 25.7센티미터, 주둥이 지름 6.6센티미터로 국립부여박물관에 소장되어 있다. 도대체 이 그릇은 무엇에 쓰던 물건이었을까? 아마 '호자(虎子)'라는 남성용 소변기로 짐작된다. 그 까닭은 중국에서 이와 같은 것들이 발굴되었는데 문헌에 소변통이라 소개되어 있기 때문이다. 중국 역사서를 보면 옛날에 기린왕이라는 산신이 호랑이의 입을 벌리게 하고 거기에 오줌을 누었다고 전하며, 새끼호랑이 모양이라 하여 호자라고 부른 듯하다.

부여에서 출토된 호자   똥장군

  그런가 하면 임금과 왕비는 뒷간이 아닌 침전의 방 하나에 '매우틀'을 놓고 용변을 보았다. 매우틀은 세 쪽은 막히고, 한쪽은 터져 있는 'ㄷ'자 모양의 나무로 된 좌변기다. 앉는 부분은 빨간 우단으로 씌우고, 그 틀 아래 구리로 된 그릇을 두어 이곳에 대소변을 받았다. 나인들은 미리 매우틀 속에 '매추'라는 여물을 잘게 썬 것을 뿌려서 가져오고, 용변을 다 보면 내의원에 보내 임금과 왕비의 건강 상태를 살피게 했다. 강릉의 선교장(船橋莊)에도 매우틀이 있는 것을 보면, 귀족들도 사용했음을 알 수 있다. 임금의 이동식 변기를 '매화틀'이라 한 것은 임금의 용변은 그냥 똥이 아니라 매화꽃이라고 거룩하게(?) 표현한 것이리라.

임금님의 매우틀과 요강

생태계 순환법칙을 따르는 뒷간

　도시 아이들은 시골에 가면 재래식 뒷간이 무서워 똥을 제대로 누지 못한다. 그 재래식 뒷간에 달걀귀신이 있다는 말에 아이들은 기겁을 한다. 또 숭숭 뚫린 구멍으로 황소바람이 불어오는 겨울엔 온몸을 움츠리며 겨우 똥을 눈다. 그리고 사람들은 뒷간을 가난의 상징으로 여기기도 했다. 그 대신 수세식 좌변기를 품위의 상징으로 생각하는 것이다. 정말 그럴까?
　수세식 화장실은 똥오줌을 처리하는 데 50배 이상의 물을 써야 한다. 더 큰 문제는 오염이다. 똥오줌은 정화조에 들어가 희석되는데, 바꿔 말하면 똥이 똥물이 되어 냇가로 흘러들어간다. 아무리 산소요구량이 10ppm 이하로 희석된 물이라지만, 대장균 덩어리인 똥오줌이 물에 섞임으로써 이를 분해 발효시키는 박테리아가 공기로부터 차단되어 죽어버리고, 오히려 수인성(水因性) 질병의 병원균들을 더욱 번성시키는 결과를 낳는다.

하지만 전통 뒷간은 쪼그리고 앉아 있어야 하는 불편함이 있는 대신 항문으로 나오는 똥의 모양새를 보면서 내장의 건강상태를 확인할 수 있도록 배려된 구조이며, 모든 힘을 직장과 대장 쪽으로 모아 똥을 누는 데 유리한 자세를 만들어 준다. 어쩌면 변비를 예방하는 데 가장 좋은 자세인지도 모른다.

그뿐만이 아니다. 이동범의 《자연을 꿈꾸는 뒷간》이란 책을 보면 뒷간의 중요한 점은 '음식→똥→거름→음식'이라는 전통적인 자연 순환방식이라는 것이다. 예전에는 똥을 더럽다고 생각한 것이 아니라 다시 밥을 생산하는 것이라고 보았다. 그래서 옛사람들은 길을 가다고 똥이 마려우면 서둘러 자기 집에 가서 누었다. 1900년 초까지 수원에서는 똥 상등품이 한 섬에 30전에 거래됐고, 한밤중에 다른 사람들이 똥을 몰래 퍼갈까 봐 감시까지 했다는 얘기가 전한다. 똥돼지와 똥개가 '맛있는' 까닭도 똥의 풍부한 영양분 때문이라는 주장도 있다.

그리고 전통 뒷간은 똥을 누고 나면 재와 왕겨를 덮어 냄새를 없애 줄 뿐더러 발효시켜 양질의 천연 거름을 만들어 낸다. 생태계 순환의 기본법칙은 동물의 주검, 똥, 낙엽 등을 말하는 유기폐기물을 흙 속에 사는 수많은 미생물이 먹고 무기물, 즉 흙을 만들어 내고 이 흙이 다시 유기물을 만들어 내는 구조다. 이 순환구조에 가장 중요한 것은 흙 속의 미생물인데, 이 미생물은 세균 따위의 다른 흙 속의 토양 유기물들과 함께 사람이 눈 똥을 영양분으로 삼아 활동하는데 이 과정에서 발효와 더불어 열을 발생시켜 똥을 가장 좋은 거름으로 다시 태어나게 하는 것이다.

그 동안 우리 스스로 많은 것을 서양의 잣대로 재어 맞지 않으면 무조건 비과학적이고 비위생적인 것으로 치부하기 일쑤였다. 하지만 미개인이 먹는 음식이라던 김치와 된장은 이제 세계 최고 음식으로 대접받는다. 그 속에 과학이 들어 있음을 깨달은 것이다. 전통 뒷간도 마찬가지다. 비위생적이고 가난의 상징으로 뒤안에 묻혀 버린 뒷간이 이제 생태계 순환법칙을 따르는 가장 과학적 처리방식으로 새롭게 드러나고 있다.

뒷간에 쪼그려 앉아
세상 가장 편안한 자세로 쪼그려 앉아
담배 한 대 붙여 무니, 머리가 맑아진다.
오만 가지 번뇌망상 어둠 저 너머로 뿔뿔이 흩어지고
몸속으로 작은 도랑 하나 흐른다.

― 백창우

천 년을 썩지 않는 한지에 담긴 사랑

1966년 경주 불국사 석가탑을 해체하자 금동제 사리함이 안치되어 있고, 그 둘레에는 목재소탑, 동경, 비단, 향목, 구슬 등이 가득 차 있었다. 그리고 닥종이로 된 두루마리, 즉 다라니경이 하나 들어 있었는데 폭 6.7센티미터, 길이 6미터가 넘었다.

다라니경이란 탑을 만든 다음 불경을 외움으로써 성불한다는 뜻으로 만들어 탑 속에 넣어 두는 경전이다. 이 '무구정광대다라니경(無垢淨光大陀羅尼經)'은 세계 최고의 목판인쇄물이고 동시에 세계에서 가장 오래된 닥종이다. 즉 우리 조상들은 삼국시대 때 이미 닥을 종이 원료로 해서 현대 기술로도 만들기 어려운 종이를 만들었다. 1200년을 탑 속에서 보내고도 형체를 보존하고 있는 닥종이로 만든 '무구정광대다라니경'은 우리 제지 기술의 뛰어남을 증명해 주고 있다.

내가 일하는 곳은 벽과 천장을 한지로 도배했다. 많은 사람들이 안정감을 주고 느낌이 좋다며 칭찬을 한다. 그런데 이렇게 칭찬하는

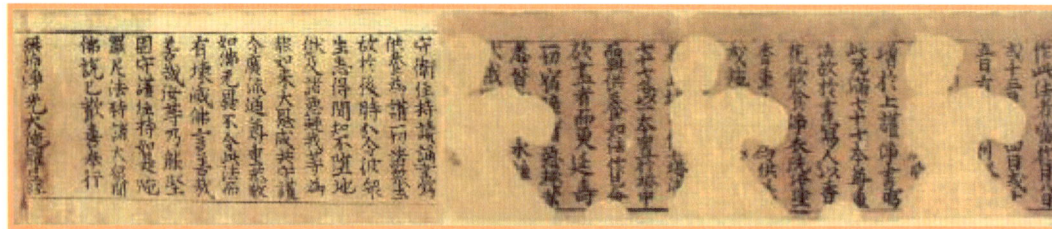

무구정광대다라니경(751년, 국보 제126호, 국립중앙박물관 소장)

그들도 정작 한지를 쓰지는 않는다. 그저 남이 쓰는 것을 보니 좋은 것뿐이다. 그건 한지가 좋은 종이인지 잘 모를 뿐더러 값이 비싸다는 선입견 때문이 아닐까?

선비와 함께한 종이, 한지

조선시대 우리나라는 선비의 나라였다. 선비에게 문방사우(文房四友)는 없어서는 안 되는 중요한 도구였다. 문방사우, 즉 종이·붓·벼루·먹 가운데 종이는 '한지'를 가리킨다. 이 한지는 '닥'을 주원료로 하여 만들기에 '닥종이'라 불렀으며, 손으로 뜨는 수초지(手抄紙)다. 삼국시대 이후 조선 중기까지 우리나라는 종이제조법이 발달하여, 중국의 걸러 뜨는 방식과 달리 외발이라는 도구를 이용하여 뜨는 방식을 사용함으로써 희고 광택이 있고 질긴 종이를 생산하였다.

그러나 조선 후기 이후 중국과 일본의 기계지가 대량 수입되면서 우리나라 수초지는 거의 쓰지 않게 되고, 창호지(문종이)와 장판(방바닥에 바르는 종이) 등으로 겨우 명맥을 이어나갔다. 또 서양식 종이 공장이 설립되면서 재래종이는 완전히 사양길에 들어섰으며, 기계와 화공약품이 천연원료와 수제공정을 대체하고, 대량생산과 비용 절감에 중점을 두어 한지도 본래의 특성을 잃게 되었다.

한지의 주원료는 닥나무의 인피섬유다. 닥나무는 뽕나무과에 속하며, 꾸지나무라는 것도 있다. 일본에서 들어온 꾸지나무는 머구쟁이·부닥·개닥 등으로도 부른다. 그러나 닥나무와 꾸지나무는 오래 전부터 구분 없이 심어왔기 때문에 이젠 이 둘을 알아보기 어렵다. 한지의 주원료는 닥나무와 꾸지나무 외에도 산닥나무와 삼지닥나무 등이 이용되고, 부원료로는 닥풀(黃蜀葵)이 쓰인다. 이것은 종이를 뜰 때 쉽게 해주는 역할을 한다.

한지는 천연재료로 만들어 질감이 살아 있고, 전통적인 제작방법 덕분에 곱고 질긴 느낌을 준다. 그리고 한지는 차갑고 맑은 물로 만드는데 차가운 물은 섬유질을 단단하게 해 종이에 빳빳한 감촉과 힘을 주어 박테리아 등의 미생물이 번식하는 것을 막아 주고, 닥풀은 매끄럽고 광택을 더해 준다.

종이에 구멍을 낸 다음 잡아당겼을 때 어느 정도까지 버티는가를 측정하는 것을 '인열강도'라 한다. 높은 수치를 보일수록 질긴 종이인데, 한지는 900 이상 나온다. 섬유폭이 좁은 삼지닥나무를 사용해서 만든 일본 화지와 잡목과 볏짚을 섞어 만든 중국 선지는 100 정도에서 쉽게 찢어진다. 종이를 위아래로 잡아당겼을 때 버티는 정도를 '인장강도'라 한다. 잡아당기는 힘의 수치가 높을수록 그리고 길게 늘어지면서 찢어질수록 강한 종이다. 한지는 최고 62엔(N)에서 찢어지기 시작하고 5밀리미터가 더 늘어지고 나서야 완전히 찢어진다. 화지는 한지와 뚜렷한 대조를 보여 쉽게 균열이 생기고, 거의 늘어지지 않을 정도로 미미하다.

붓글씨와 그림용 종이는 대체로 먹색이 윤택하고 먹물이 고루 먹히면서도 많이 번지지 않아야 좋다. 화지는 기다랗게 먹이 번진다. 선지에 떨어뜨린 먹은 가장자리에서 부드러우면서도 빠르게 퍼진다. 이것들은 섬유 속에 먹물이 잘 스며들지만 종이가 질기지 못하다는 단점이 있다. 그런데 한지는 종이를 떠서 말린 다음 다듬이질을 하기 때문에 번지지 않는다.

또 한지는 세월이 가면 갈수록 오히려 결이 고와지고, 그래서 수명이 천 년 이상 간다고 한다. 섬유 사이에 적당한 공간이 있어 공기가 통하고 햇빛을 투과시키는 특성이 있다. 이러한 한지의 통기성과 햇빛 투과성은 문에 바르는 종이(창호지)로 적절하다.

부재료 중 잿물은 적당한 알칼리도가 있어 인피섬유를 손상시키지 않으므로 종이가 질겨진다. 또 닥풀은 물에 잘 녹는 물질로 다당류가 많이 함유되어 있으며 중성을 유지하고 있어 한지가 천 년의 수명을 가지는 데 결정적인 역할을 한다. 그리고 우리나라의 전통적 제조방법인 '외발뜨기'가 '쌍발뜨기'보다 한지를 강하게 하는 것으로 나타났다.

한지는 대부분 사람의 손으로 만들어지므로 같은 품질과 크기의 제품을 만들 수가 없다. 이러한 한지의 다양성은 미술 재료로 다양하게 쓰인다. 또 부드럽고 질긴 성질 때문에 구기고 비틀어서 여러 효과를 낼 수 있으며 그림, 지공예, 서예, 조각뿐만 아니라 다른 매체와 혼합하여 다양한 형태로 변화시킬 수 있다.

또한 한지는 동양적인 고전미가 있다는 말을 듣는다. 한지의 은은함, 온화함, 소박함, 자연스러움 등은 결코 양지에서는 느낄 수 없는 한지의 고유한 특성이다.

한지의 종류와 활용

한지는 시대에 따라 이름이 바뀌고 색깔이나 크기, 생산지에 따라 다르게 부른다. 대부분 재료, 만드는 방법, 쓰임새 그리고 크기에 따라 나누는데, 우리 종이의 종류는 200여 종에 이른다. 그러나 지금은 한지 산업이 기울어 거의 자취를 감추고 창호지, 한국화를 그리는 데 쓰는 화선지, 도배를 하기 전에 먼저 바르는 초배지 정도로 겨우 명맥을 이어오고 있다.

한지는 만드는 방법에 따라 전통외발지, 화선지, 태지, 피지, 전통염색지, 운용지, 장판지 등이 있다.

'전통외발지'는 흘림뜨기 방식으로 떠서 붙인 종이(합지)로 질기고 강한 특성이 있다. '화선지(畵宣紙)'는 '군용지'라고도 하는데 닥에 볏짚, 펄프 등을 섞어 만든 종이로 먹물을 잘 받으며, 번짐이 좋아 글씨와 그림용으로 사용된다. '태지(苔紙)'는 이끼(苔)를 넣어 만든 한지로 편지지나 표구제, 고급 포장지 등으로 쓴다. '피지(皮紙)'는 닥껍질이나 표백하지 않은 섬유를 넣어 만든 종이로 독특한 질감이 있으며, 주로 초배지로 사용한다. '전통염색지'는 파랑, 빨강, 하

한지뜨기 하는 모습

양, 검정, 노랑의 오방색이 나는 황벽, 홍화, 쪽, 지초, 소목 따위의 전통 자연염료를 써서 염색한 색종이다. '운용지(雲龍紙)'는 일명 '쌍계지'라고도 하며, 기계 한지로 종이 표면에 실 모양의 닥섬유를 배열하여 만든 색지다. 주로 포장지로 쓴다. '농선지(籠扇紙)'는 닥과 펄프를 원료로 만들어 다듬이질한 것으로 창호지(窓戶紙)라고도 부르며, 두껍고 강도가 높은 것이 특징이다. 쓰임은 문종이, 부채 재료 등으로 많이 사용된다. '장판지(壯版紙)'는 닥종이를 여러 겹 붙여서 두껍게 하고 들기름을 먹여 건조시킨 것으로 두껍고 질기며 윤기가 있고 방수성이 좋아 주로 온돌 장판 용지로 사용된다.

한지로 만든 장미등에 불이 켜졌다(2007 원주한지문화제).

예부터 우리 조상들은 한지를 활용해 각종 공예품을 만들어 쓰곤 했다. 지승공예(紙繩工藝), 색지공예(色紙工藝), 지장공예(紙欌工藝), 후지공예(厚紙工藝), 지호공예(紙糊工藝) 등이 그것이다.

지승공예는 종이를 꼬아 엮어서 만든 것을 말한다. 무늬는 엮는 방법에 따라 모양이 달라지는데 색종이나 검은 물을 들인 종이를 함께 넣어 엮기도 한다. 또한 무늬뿐만 아니라 외형에도 다양한 변화를 주어 갖가지 형태를 만들어 냈다. 마무리를 할 때에는 기름을 먹이거나 칠 또는 채색을 하기도 한다.

색지공예는 한지를 여러 겹 덧발라 만든 틀에 다양한 색지로 옷을 입힌 다음 여러 가지 무늬를 오려붙여 만든다. 사용하는 색지는 한지를 전통염료로 염색한 것이며, 주로 파랑, 빨강, 하양, 검정, 노랑의 오방색이 기본이다. 고유한 뜻이 있는 갖가지 무늬는 장식미를 더해 준다.

지장공예는 나무로 골격을 짜거나 대나무, 고리 등으로 뼈대를 만들어 안팎으로 종이를 여러 겹 발라 만든다. 종이만 발라 마감하기도 하고, 그 위에 글을 쓰거나 그림을 그려 마무리하기도 하였다. 보석함, 문갑, 장롱 등을 만든다.

후지공예는 종이를 여러 겹 붙여 두껍게 한 종이를 여러 번 접어 갖가지 형태의 기물을 만드는데, 표면에는 요철로 무늬를 넣기도 한다. 칠을 하여 튼튼하게 만든 공예품은 가죽과 같은 질감이 난다.

지호공예는 종이를 잘게 찢어 물에 불린 뒤 일정한 틀에 부어 넣거나 덧붙여 기물을 만든 다음 말려 종이를 덧바르고 기름을 먹이거나 칠을 하여 완성한다.

우리 겨레는 이렇게 많은 종류의 생활용품을 만들어 써왔다. 종이우산, 옷본, 종이항아리, 부채, 갓통, 종이꽃(조화), 종이돈(지폐), 부적 등도 종이를 응용한 또 다른 생활용품이다. 요즘은 한지에 대나무잎, 꽃잎, 단풍잎 등을 넣어 특허를 받은 한지가 포장지, 벽지, 명함지, 선팅지, 조명지, 편지지, 편지봉투 등으로 활용되고 있다. 또 미국, 일본에 수출하고 있는데 내수용보다 비싸게 팔린다. 외국에서 오히려 우리 문화를 이해하고 있는 것이다. 그뿐만이 아니라 닥으로 실을 짜서 옷감을 만들고 이를 활용해 양복 드레스는 물론 속옷, 양말, 넥타이 따위를 만든다. 그런 의류들은 내구성도 좋을 뿐더러 여러 가지 기능성까지 있어 많은 이들의 기대를 모으고 있다.

2

건강을 지켜 주는
전통 먹거리

누룽지, 비만을 극복하는 또 다른 희망
풀을 남겨두면 농작물이 산다
우리 얼굴은 원래 네모였다
다갈색 차 한 잔, 그 안의 진실과 행복

누룽지, 비만을 극복하는 또 다른 희망

40대 이후 세대는 '누룽지'에 대한 아련한 추억이 있다. 예전에는 군것질거리도 별로 없고, 용돈 타기도 어려울 때여서 어머니가 긁어 주시는 누룽지는 최고의 군것질거리였다. 가마솥에서 박박 긁을 때부터 퍼져 나오는 누룽지의 구수한 냄새는 가히 일품이다. 그것은 분명히 우리 냄새요, 우리만의 맛이다. 또 누룽지에 물을 붓고 끓인 숭늉은 최고의 음료수다.

요즘 상품으로 판매되는 누룽지는 일정하게 눌려 전체가 노랗지만, 옛날 어머니가 긁어 주시던 진짜 누룽지는 글자 그대로 까맣고 누런 부분이 섞여 있는 깜밥이었다.

옛날 서당에서 공부하기 싫은 학동들이 "하늘 천 따 지 검을 현 누를 황" 대신 "하늘 천 따지 깜밥 눌은밥" 또는 "하늘 천 따 지 가마솥에 누룽지"라고 했다나.

밥은 어느 정도 익고 뜸이 드느냐에 따라 맛이 다르다. 나는 약간 진밥이 좋지만 누룽지는 더 좋아한다. 밥은 잘못 지어 설익은 밥이 있는가 하면 떡밥, 고두밥, 된밥, 진밥, 눌은밥 등 여러 가지가 있다.

건강을 지켜 주는 누룽지

밥이 다 된 가마솥에서 밥을 퍼내고 나면 그 밑에 고소한 누룽지가 향그런 냄새를 풍긴다.

누룽지는 쌀로 만든 뛰어난 군것질거리

허준의 《동의보감》에 취건반(炊乾飯, 누룽지)에 대해 이렇게 기록되어 있다.

"음식이 목구멍으로 잘 넘어가지 않거나 넘어가도 위까지 내려가지 못하고 이내 토하는 병증으로 오랫동안 음식을 먹지 못하는 병, 곧 열격은 누룽지로 치료한다. 여러 해가 된 누룽지를 강물에 달여서 아무 때나 마신다. 그 다음 음식을 먹게 되면 약으로 조리해야 한다."

이처럼 누룽지는 약으로도 쓰였다. 누룽지는 쌀로 만드는데 쌀은 밀보다 무기질, 비타민 등 영양 성분이 조금 적지만 필수 아미노산

함량은 높다. 특히 성장기 어린이에게 좋은 라이신 함량은 밀의 두 배나 많다. 또 쌀이 밀보다 아미노산가와 단백가가 높아 소화흡수율과 체내 이용률이 좋다.

식품영양학적으로 봐도 쌀은 밀보다 우수하다. 특히 쌀은 식이섬유 공급원으로도 중요한 역할을 한다. 음식물의 장내 통과 시간을 단축해 비만과 변비의 예방과 치료에 효과가 있다. 또 쌀눈에 많이 함유된 '감마아미노부티로산' 성분은 신경을 안정시키고 지방분해를 촉진해 살빼기에 효과가 있다. 여기에 장 속의 콜레스테롤이 몸에 흡수되는 것을 막아 줌으로써 혈중 콜레스테롤 상승을 억제하여 동맥경화증과 허혈성 심장질환을 예방한다.

이것만 봐도 쌀이 건강에 좋은 것은 분명하다. 그러나 쌀이 아무리 좋다 한들 누룽지는 쌀을 가공한 것이 아닌가? 쌀이 누룽지가 되면 어떤 변화가 생겨날까? 누룽지는 열을 가하기 때문에 열에 약한 비타민 등이 파괴된다며 여러 성분을 보강한 간편식(인스턴트식품)이 영양면에서 누룽지보다 더 좋다고 하는 사람도 있다. 하지만 간편식보다는 가공하지 않은 자연식품이 사람에게 좋다는 것은 다 알 것이다.

우리 몸에 잘 맞지 않는 밀가루로 만든 간편식보다는 쌀을 눌려 만든 누룽지는 소화흡수에 좋을 뿐더러 쉽게 먹을 수 있어 건강에 좋다. 또 누룽지를 씹어 먹으면 침샘에서 아미노산이 많이 들어 있는 침이 많이 나오고, 이빨을 자극하게 되면 콩팥(신장)을 튼튼하게 한다. 또 누룽지를 먹을 때 턱관절 운동을 하게 되는데 뇌에 자극을 주어 뇌혈관 질환을 예방해 주는 효과도 있다.

누룽지에서 생기는 또 다른 마실거리 숭늉도 있다. 예전에 가난한 집의 며느리는 허구한 날 숭늉만 먹었지만, 그래도 몸이 허해지지 않았다 한다. 그 까닭은 숭늉이 영양가가 많고, 숭늉 속에 들어 있는 에탄올은 강한 항산화 작용을 하여 산성체질을 알칼리성으로 중화시켜 건강을 지켜주었다는 것이다. 또 숭늉에는 '덱스트린' 성분이 많아서 소화를 잘 시킨다 한다.

바쁜 현대인들의 건강을 지켜 주는 누룽지

현대인들은 매우 바쁘다. 아침밥을 챙겨 먹을 시간이 없어 간편하게 먹을 수 있는 간편식을 선호할 수밖에 없다. 그러나 여기 우리의 전통식품 누룽지가 있다. 물론 가마솥을 압력밥솥으로 대체한 요즘에는 누룽지를 먹기가 쉽지 않다. 하지만 즉석라면처럼 끓는 물을 붓고 2~3분 뒤면 구수하게 먹을 수 있는 즉석누룽지가 나왔다. 또 누룽지를 만드는 기구도 판매한다.

요즘엔 누룽지가 다시 제법 인기를 회복하여 누룽지삼계탕, 누룽지백숙, 누룽지피자, 된장누룽지탕, 해물누룽지탕, 누룽지튀김, 누룽지탕수육 등 다양한 음식이 새롭게 등장했다. 아침에 밥을 제대로 먹지 못하는 직장인과 학생들, 또 몸이 아파서 식사를 잘 못하는 환자들과 살이 쪄서 고민하는 사람들에게도 누룽지는 참 좋은 음식이다. 이런 좋은 전통음식을 두고도 우리는 몸을 해치는 간편식을 더 좋아한다. 참으로 안타까운 일이다. 누룽지를 먹는 일은 우리에게 또 하나의 행복이다.

다일천사병원을 운영하는, 누룽지를 좋아한다는 최일도 목사의 말이 생각난다.

"세상엔 때깔 좋은 흰밥 같은 사람도 있지만 그 밥이 맛있게 뜸들 때까지 뜨거운 바닥을 온몸으로 감싸안으며 자신을 태우는 누룽지 같은 사람도 있다. 모두 흰밥처럼 살고 싶어 할 때 밑바닥에서 자신을 태워 누룽지같이 사는 사람도 필요하리라."

우리 모두 한 번쯤 생각해 볼 얘기가 아닐까? 그러고 보면 고생은 누룽지가 다하고 마지막 영화는 밥이 누리는 것 같다.

누룽지는 아무도 알아주지 않아도 불평 한 마디 없이 구수함으로 또 다른 매력을 풍기는 음식이다.

풀을 남겨두면 농작물이 산다

예전에는 콩을 심을 때 한 구멍에 세 알씩 심었다고 한다. 한 알은 날아다니는 새를 위해, 한 알은 기어다니는 벌레를 위해, 오로지 한 알만 자신을 위해 심었기에 자연과 더불어 잘 살 수 있었다. 하지만 현대에 오면서 생산량을 늘리기 위해 화학비료를 마구 쓰다보니 자연히 농약 범벅인 농산물을 먹지 않을 수 없게 되었다.

지금 우리 건강은 정신적 스트레스까지 겹쳐 빨간불이 켜져 있다. 여기에 농약 섞인 농산물을 먹게 되면서 여러 가지 병에 시달릴 수밖에 없다. 아프지 않고 건강하게 사는 것이 이상할 지경이 된 것이다.

"풀도 먹고 살아야죠"

나는 10여 년 전 경북 봉화에서 유기농업을 하는 강문필 씨 집에 가게 되었다. 그때 폐를 덜 끼치겠다는 생각으로 쌀과 몇 가지 반찬거리를 싸들고 갔다. 그런데 그에게 호되게 꾸중을 들었다.

"아니, 여기 깨끗하고 좋은 먹거리가 잔뜩 있는데 왜 농약 범벅이 된 것들을 싸들고 옵니까? 그걸 드시려면 당장 돌아가십시오."

나는 아무 말도 못하고 가지고 간 것을 다시 싸들고 올 수밖에 없었다.

그는 밭에서 꽹과리를 치는 사람으로도 유명하다. 작물도 꽹과리 소리를 좋아하기 때문에 꽹과리를 쳐주면 작물이 훨씬 잘 자란다는 생각을 가지고 있다. 한때는 다람쥐들이 자꾸 밭을 파헤치는 것을 보고 고민하다가 일정한 시간에 다람쥐 먹이가 될 만한 것을 들고 기다렸다 한다. 처음엔 오지 않던 다람쥐들이 며칠 그렇게 하자 시간만 되면 몰려오더라는 얘기를 들려주었다.

그뿐만이 아니다. 밭에 풀이 조금씩 남아 있는 것을 보고 내가 "왜 풀을 다 뽑지 않느냐" 물으니 "풀도 먹고 살아야죠"라고 대답하는 것이 아닌가?

충남 아산에서 유기농으로 배농사를 짓는 '주원농장'의 김경석 씨 역시 배나무 아래에 풀을 다 뽑지 않는다. 그 까닭은 "풀을 남겨 놓으면 벌레들이 배나무까지 올라오지 않고 풀숲에서 삽니다. 벌레들이 살 수 있는 환경을 남겨두면 농약을 치지 않고도 농사를 지을 수 있지요"라는 것이다.

유기농을 해보지 않은 사람은 유기농이 불가능하다고 말한다. 유기농은 농약을 치지 않을 뿐 아니라 아무것도 하지 않고 내버려두는 것으로 안다. 하지만 유기농을 하는 사람들은 훨씬 부지런하다. 화학비료와 농약을 멀리 하는 대신 퇴비를 만드는 데 많은 시간을 투자해야 하고, 미생물을 발효하는 방법 등을 사용하여 무해한 농약을 만든다.

조금 힘든 대신 자신들은 안전한 먹거리를 먹을 수 있고, 소비자들에게도 떳떳하게 농산물을 공급할 수 있다는 것이다. 또 그들은 자연과 이웃과 더불어 사는 것이 체질화된 사람들이다.

유기농식당, 문턱 없는 밥집

서울 마포구 서교동에 '문턱 없는 밥집'이 있다. '문턱 없는 밥집'은 말 그대로 문턱이 없다. 누구나 드나들 수 있는 밥집이다. 밥값은 단돈 천 원. 천 원 이상 내놓아도 상관없다. 호주머니 사정에 따라 형편 닿는 대로 밥값을 낼 수 있다.

이곳 주방 배식대 언저리에 놓인 깨끗한 유기농산물에 천연조미료로 만든 열무김치, 콩나물, 무생채, 오이채, 상추채 등을 먹고 싶은 만큼 넣어 비빔밥을 만들어 먹을 수 있다. 다만, '문턱 없는 밥집'에서는 절집에서의 발우 공양처럼 고춧가루 하나 남김없이 말끔히 먹어야 한다. 안 그러면 벌금이 만 원이란다.

이 밥집에서 생기는 수익금은 농민들의 생존보장기금, 밥집 주변에 사는 빈민 자활사업기금과 넝마공동체, 외국인 노동자, 국제결혼에 실패한 제3세계 여성들을 돕거나 교육시키는 기금으로 쓰이고 있다. 아울러 이들과 함께 하는 시민운동가들의 활동공간을 여는 데 사용하게 될 예정이라 한다.

'주원농장'에서는 배나무 아래 풀을 남겨둔다. 그러면 벌레들이 배나무까지 오르지 않아 농약을 치지 않고도 병해충을 막을 수 있다.

유기농산물로 밥을 해먹는 것은 모두 더불어 사는 것

요즘 사람들의 최고 관심사는 건강이다. 모든 일에 바탕이 되기 때문이다. 하지만 건강이 그렇게 쉽게 유지되지는 않는다. 사람들은 건강해지려고 보약을 먹기도 하고, 보양식을 찾기도 하며, 운동을 하기도 한다. 하지만 스트레스를 받지 않는 것과 좋은 음식물을 먹는 것이 우선이 아닐까 싶다.

스트레스를 받지 않는 것이 내 뜻대로 되는 것은 아니지만, 유기농산물을 먹는 것이야말로 의지만 있으면 가능한 일이다. 그런데 어떤 사람은 유기농산물을 사 먹는 것이 부담스럽고 유난을 떠는 것 같다고 말한다. 정말 그럴까?

 농약 범벅이 된 농산물을 계속 먹으면 그 유독성이 몸 안에 쌓인다. 건강은 미리미리 챙겨야 하는 것. 세상을 적당히 살다가 병이 나서 고통을 받은 뒤 죽을 요량이라면 모르지만, 행복한 삶을 살기 원한다면 유기농산물을 먹는 것은 어쩌면 필수일 수도 있다. 그리고 유기농산물을 먹는 것은 결국 이웃과 자연 모두가 더불어 사는 삶의 시작일 것이다.

우리 얼굴은 원래 네모였다

한국인의 얼굴은 어떻게 생겼나? 특히 옛 사람들 삼국시대, 조선시대 사람들은 어땠을까? 궁금하지만 타임머신을 타고 옛날로 돌아가 보지 않는 이상 정확히 알 수가 없다. 다만 전해지는 유물들을 통해 짐작해 볼 따름이다.

충북 제천 점말에 있는 구석기 동굴유적인 용굴에서 출토된 뼈에 새긴 얼굴, 부산 동삼동 조개무덤(貝塚)에서 나온 조개껍데기, 그리고 강원도 양양 오산리에서 출토된 손으로 대충 눌러 만든 5센티미터 안팎의 흙으로 빚은 얼굴, 그리고 울산·고령 등 바위에 새긴 암각화에서도 옛사람들의 얼굴을 만날 수 있다.

또 치우천왕(蚩尤天王)의 얼굴이라고도 하는 도깨비기와(鬼面瓦)와 '신라인의 미소'라 불리는 얼굴무늬 수막새(人面文圓瓦當), 불교가 전래되면서 만들어진 숱한 불상과 고구려 고분벽화에 보이는 다양한 인물상, 신라 고분에서 출토된 토우들, 화려하고 섬세한 고려불화(高麗佛畵)나 조선시대 초상화, 풍속화, 탈춤에서 쓰는 탈바가지, 장승 등을 통해 그 시대를 살았던 우리 선조들을 만나게 된다.

물론 그 그림이나 조각들이 상징성을 띠는 것일 수도 있지만 당시 사람들을 본으로 만든 것이기에 얼굴을 짐작해 본다. 치우천왕의 얼굴, 도깨비기와, 탈, 장승 따위는 무섭게 생겼지만 한참 들여다보고 있으면 친근감이 든다.
　장승은 대개 불거져 나온 눈, 감자모양의 큰 주먹코, 튀어나온 이빨에 모자를 쓰고 있다. 장승의 얼굴은 손자에게 옛날이야기를 들려주려고 일부러 험상궂은 표정을 지어 보이는 할아버지의 모습이며, 여자 장승의 모습은 그대로 이웃집 할머니 얼굴이다. 권위와 위엄이 있어 보이기도 하지만 화사한 웃음기도 느낄 수 있으며, 전체적으로 비례가 맞지 않는 얼굴이어서 익살스럽기도 하다.

　얼굴전문가 조용진 교수는 "식생활과 생활양식이 변화함에 따라 사람의 얼굴도 변하며, 따라서 미인의 가치 기준도 변했다"고 한다. 100년에 한 번 나올까 말까 한 세기의 미인 사진을 몇 년 뒤 젊은이들에게 들이대면 '웬 미인?' 하고 고개를 갸우뚱거린다는 뜻이다.
　보통 턱이 발달하면 '남자답다' 하며, 여자가 그러면 '밉다'는 반응이 나온다. 옛날 얼굴이 퍼진 여자를 맏며느릿감이라고 좋아하던 가치관은 이제 사라지고 만 것이다.
　다시 말하면 우리나라 미인관이 '하회각시탈'에서 '비너스'로 완전히 바뀌었다. 조 교수의 말에 따르면, 한국 여자 평균과 전통 미인의 얼굴 가로 세로 비율은 1대 1.3인데 이는 하회각시탈의 가로세로 비와 일치한다. 그래서 하회각시탈을 한국인의 얼굴이라고 하는 것이다. 하지만 현대 미인상은 1대 1.5의 좁은 얼굴로 비너스 등 그리스 조각과 같다.

아이가 태어나면 대개 그 부모를 닮게 마련이다. 그러면 지금 우리의 얼굴이 몇 대를 거슬러 올라가서 조선시대 할아버지, 할머니의 얼굴과 닮았을까?

그런데 실제 우리 겨레의 얼굴 형태는 옛 선조와 많은 차이가 있다. 조선시대 선비들의 초상화에서 나타나는 얼굴 형태는 보통 눈꼬리가 올라가고, 광대뼈와 턱뼈가 튀어나와 얼굴이 넓은 것이 보통인데 요즈음은 서구인들처럼 눈꼬리가 처지고, 머리 부분이 커지며, 광대뼈와 턱뼈가 부드러워졌다는 것이 전문가들의 한결같은 분석이다.

그 까닭은 무엇일까? 그것은 식생활의 변화가 주된 이유라 한다. 옛날에는 주로 딱딱하거나 질긴 탄수화물(식이섬유) 중심의 밥 등을 먹었지만 요즈음은 부드러운 음식을 자주 먹는 데서 오는 신체구조의 변화다.

식생활의 변화가 대장암 증가의 원인

한국인의 얼굴이 변한 것은 어떤 결과를 가져올까? 턱관절장애 전문의들은 "턱운동이 활발하지 않으면 턱이 빠지거나 붓고 자꾸 아프다"며 딱딱하거나 질긴 음식물을 오래 씹으라 한다. 또 씹는 동안 턱과 이 운동이 큰골(대뇌)을 적절히 자극해 준다고 한다. 생각하는 것을 담당하는 큰골의 피질(큰골이나 작은골의 겉층)은 얼굴 근육을 지배하는 운동신경을 통해 자극할 수 있기 때문에 음식물을 오래

한국인의 얼굴들(윗줄 왼쪽부터 시계방향/바위에 새긴 암각화, 산대놀이 왜장녀탈, 조선시대 네모난 얼굴 윤두서 초상화, 장승, 얼굴무늬 수막새, 도깨비기와)

씹거나 껌을 자주 씹는 사람은 치매 발생률이 다소 떨어진다는 연구 결과도 있다. 씹는 행위는 노인뿐 아니라 아기들의 두뇌발달에도 긴접적으로 도움이 되는 것이다.

몇 년 전 〈잘 먹고 잘 사는 법〉 프로그램이 있었다. 제작자가 일본 기후대학연구소를 찾아갔는데 이때 후지타 마사후미 박사 팀은 씹는 행위가 기억력에 미치는 영향과 기능성 핵자기공명단층촬영(FMRI) 기계를 통해 뇌에 어떻게 반응하는가를 연구하고 있었다 한다. 피실험자가 기계에 누워 눈앞에 순간적으로 지나가는 영상을 기억해 내는 측정을 하고, 다시 2분간 음식을 씹은 뒤 같은 방법으로 측정하였는데 실험 결과는 그냥 측정했을 때 56.25%였고, 씹고 난 뒤는 87.5%라는 놀라운 결과가 나왔다고 한다. 단 2분간 음식을 씹는 것만으로도 기억력이 상승한다는 결과를 보여 준 것이다.

얼굴이 변한다는 것, 곧 식생활은 턱관절과 두뇌에 영향을 미치는 것 말고도 더 큰 문제가 있다. 현대 한국인들은 밥량이 줄면서 대장암이 증가하고 있다. 한국인들의 장이 서양인들에 비해 80센티미터 가량 더 긴데, 이는 주로 쌀과 보리를 먹어 오던 오랜 식습관에 의한 결과다. 그런데 이 신체구조에 맞지 않는 서구식 식습관으로 바뀌면서 육류를 소화시키는 데 시간이 오래 걸리고, 그만큼 장에 노폐물이 쌓이면서 종양을 만들고 종양이 암으로 변질된다고 한다.

하루에 식이섬유 20그램은 먹자

미국임상영양학회지를 보면 9만 명을 대상으로 한 실험에서 식이섬유를 하루 25그램 이상 먹은 집단은 9그램 이하를 섭취한 집단에 비해 심장병에 걸릴 위험이 40%나 줄어드는 것으로 되어 있다. 음식 내 콜레스테롤이 식이섬유와 함께 몸 밖으로 빠져 나간 결과로 짐작된다. 또 혈당치의 변동이 줄어들고 인슐린 투여량이 감소하는 까닭으로 당뇨병의 예방, 치료 효과도 인정되고 있다.

식이섬유는 자체 열량이 거의 없음은 물론 체내에서 소화되지 않고 바로 배설되기 때문에 비만 예방에도 큰 도움을 준다. 또 지방과 같이 배설돼 식이섬유를 많이 먹은 사람의 변에서 지방이 더 많이 발견됐다고 한다. 식이섬유 섭취량을 지금의 두 배로 늘리면 하루 섭취 열량이 100킬로칼로리 가량 감소해 몸무게를 한 해에 4.5킬로그램 정도 줄일 수 있다는 계산도 나온다.

그래서 한국영양학회는 '건강을 위해 식이섬유(섬유질)를 하루에 20~25그램은 먹자'고 권장하고 있다. 한국 사람이 평소 먹는 양보다 3분의 1은 더 먹자는 제안인데, 세계보건기구(WHO)는 한국영양학회보다 훨씬 많은 27~48그램을 권장한다.

그런데 식이섬유를 많이 섭취하려면 백미 대신 현미를 먹어야 한다. 현미에는 비타민과 미네랄이 씨눈에 66%, 쌀겨에 29% 분포되어 있지만 백미는 단 5%에 불과해 흰쌀밥을 먹게 되면 이만큼의 영양소를 포기하는 것이다. 백미는 한자로 흰 백(白) 자, 쌀 미(米) 자를 쓴다. 이 '백' 자와 '미' 자를 순서를 바꿔서 붙이면 '지게미(술을 거르고 난 찌꺼기)' 박(粕) 자가 되는데, 이것이 무엇을 의미하는지 생각해 볼 필요가 있다.

조선시대 임금의 수라상엔 흰쌀밥과 잡곡밥

또 현미와 함께 오곡밥을 먹으면 금상첨화다. 한의학에서는 남성의 정액성분은 오곡으로부터 나온다고 한다. 따라서 남성들이 아기를 낳고 싶거든 가능한 현미와 잡곡밥을 같이 먹는 것이 좋으며, 채식을 하는 것이 좋다. 의사들은 치매예방 식사로 주식은 밥으로 하되 비타민B 복합체 등이 풍부한 현미나 잡곡을 섞고, 비타민C, E, 베타카로틴, 엽산이 풍부한 푸른 채소와 신선한 과일을 매끼 충분히 먹을 것을 권한다.

일본 시즈오카현에 사는 전직 의사 시오야 노부오 할아버지는 100살의 나이에도 골프를 즐기고 있어 화제다. 그는 골프를 시작한 뒤 현미밥을 꼬박 먹는 것, 아침에 일어나면 곧바로 샤워를 하는 것, 그리고 복식호흡이 건강을 유지하는 비결이라 했다. 그 〈잘 먹고 잘 사는 법〉 프로그램 연출자도 현미밥과 채식 위주의 식단을 실천한 결과 몸무게가 4~5킬로그램이나 줄었다 한다. 그는 "내가 받은 가장 큰 선물은 결혼 10년 만에 아침을 현미밥으로 먹게 된 것"이라 했다.

'불초소생(不肖小生)'이란 말이 있다. 이는 매우 훌륭하신 부모님을 이 작은 생명이 못나고 모자라서 감히 부모님을 닮지 못했다는 뜻으로 예전 편지에 흔히 썼다. 부모님에 대한 겸양어로 쓰이는 말이다. 우리 조상들이 식이섬유를 많이 섭취하는 슬기로운 분들인데 그것을 닮지 못하고, 우리 체질과 맞지 않는 서구식 식생활을 하는 현대인은 어쩌면 진짜 불초소생인지도 모른다.

조선시대 임금의 수라상에는 흰쌀밥과 잡곡밥 두 그릇을 올려놓았다 한다. 우리 선조들의 뛰어난 슬기로움이 아니던가? 쌀가게에서 현미와 잡곡 때문에 돈을 번다는 소리를 들어보고 싶다. 그리고 이제는 불초소생이 되지 말자.

다갈색 차 한잔, 그 안의 진실과 행복

고속도로 휴게소에 들른 적이 있다. 그곳에 전통찻집이 있었는데 고속도로 휴게소에 전통찻집이 있으리라 생각하지 못했기에 무척 반가웠다. 한데 차림표를 보니 녹차뿐 아니라 쌍화차, 생강차, 유자차, 커피 등이 있는 것이 아닌가. 커피, 쌍화차도 전통차? 아니다. 쌍화차는 쌍화탕이어야 하고 생강차, 유자차 등은 '~즙'으로 불러야 하며, 전통차가 아닌 대용차의 범주에 드는 것이다. 그럼 녹차가 전통차일까? 보통 많은 사람이 그렇게 알고 있는데 그것은 분명한 오해다.

녹차와 다도, 일본에서 역수입된 것들

현재 순천 금둔사 주지이며 살아 있는 차의 성인으로 불리는 지허 스님은 "녹차는 일본에서 역수입된 차입니다. 분명히 전통차는 따로 있습니다. 물론 녹차를 없애자는 것도, 나쁘다는 것도 아닙니다. 다만 전통차와는 다른 녹차를 전통차라고 말하는 것은 잘못입니다"

라고 말한다. 스님은 결코 녹차의 가치를 깎아내리려는 것이 아니다. 야생차는 재배하지 않으니 양도 적고, 일일이 수공으로 덖기에 값이 비쌀 수밖에 없어 값싼 녹차의 효용성을 부인하지 못한다는 것이다.

현재 우리나라에서 자라는 차나무는 야부기다종이 85%, 변종이 10% 정도이며, 토종은 5%에 불과하다. 우리 전통차는 녹차와 품종부터 다르다. 일본에서 개량한 야부기다종 녹차는 뿌리가 얕고 잎이 무성하다. 그래서 대량 생산하기에 알맞으며, 값싸게 차를 마실 수 있는 장점이 있다. 하지만 뿌리가 얕으니 화학비료를 줄 수밖에 없다는 걸림돌이 있다.

이에 비해 우리 토종 야생차는 뿌리가 곧고, 땅 위의 키보다 3~4배나 더 깊이 들어가 있다. 그래서 암반층, 석회질층에 있는 담백한 수분, 무기질을 흡수하여 겨울에 더 푸르고, 꽃이 핀다. 그 때문에 녹차보다 우리 전통차가 깊은 맛이 있는 것이다. 순천 선암사와 금둔사, 벌교 징광사, 보성 대원사 주변에 남아 있는 것이 토종 야생차다. 이 야생차도 토종 차나무는 아니며, 삼국시대에 전래한 차가 1200년을 지나면서 풍토화된 것이다. 원래의 자생차는 백두산에서 나던 '백산차(白山茶)'가 있다 한다.

가끔 '헌다례(獻茶禮)' 하는 것을 본다. 아름다운 다도 음악과 함께 가부좌를 틀고 앉아 차를 우리고 따른다. 그런데 지허 스님은 역시 이 다도를 일본식이라 지적한다. 무릎을 꿇고 마시라는 것은 거부감을 느끼게 하는 문제가 있다. 그저 편하게 마시는 것이다. 물론 우리

나라도 예전에 부처님과 조상에게 차를 바치던 헌다례 의식은 있었지만.

　조선시대 차의 성인이며 절친한 벗이었던 초의 스님과 추사 선생이 무릎꿇고 마셨다는 얘기는 들어본 적이 없다. 벗과 함께 이야기를 나누며 차를 마시는데 그저 편하게 색깔과 향과 맛을 음미하면 그뿐이다.

　일본은 우리에게 받아간 문화들을 극진히 모셨는데 바로 바둑, 도자기, 차 등이 그것이다. 바둑도 무릎을 꿇고 두고, 차도 무릎을 꿇고 마시며 차에 존칭을 붙이는데, 우리가 그걸 따라갈 필요는 없지 않을까? 어떤 사람은 옛날 칼을 쓰던 일본 사람들이 예의를 중요시하여 다도를 만들고 강조한 것이 아닌가 짐작하기도 한다.

차의 종류는 어떤 것들이 있을까?

　차는 가공 방법과 마시는 방법, 발효 정도, 찻잎을 따는 때, 그리고 생산지에 따라 구분한다.

　먼저 가공 방법에 따라 덖음차와 찐차가 있다. 우리 전통차가 바로 덖음차인데 솥에 열을 가하면서 비비듯이 가공한다. 이 덖음차를 중국에서는 초청차(炒青茶), 일본에서는 부초차(釜炒茶)라 부른다. 그에 비해 찐차는 한자말로 증제차(蒸製茶)라 하는데 쪄서 가공하는 차를 말하며, 대표적인 것이 녹차다. 하지만 국내에서 가공되는 녹차는 찌기와 덖기를 섞는다.

　마시는 방법으론 잎차와 가루차, 곧 말차(抹茶)가 있다. 잎차는 잎

살아 있는 차의 성인 금둔사 주지 지허 스님

을 우려낸 물을 마시는 것이고, 가루차는 가루를 만들어 따뜻한 물을 부어 거품을 만들어 마신다. 가루차는 잎을 통째로 마신다는 점에서 장점이지만 만일 농약을 친 찻잎이면 마셔서는 안 된다.

발효 정도에 따라서는 전통차와 녹차는 불발효차(비발효차), 포종차와 우롱차는 반발효차, 홍차는 발효차이며, 후발효차로 떡처럼 만들어 20년 이상 발효시킨 푸얼차(普洱茶)가 있다. 찻잎을 따는 때에 따라 나누는 것은 전통차와 녹차가 다르다. 전통차는 24절기 중 청명 전에 따는 명전차(明前茶)가 있고, 봄차(春茶), 여름차(夏茶), 가을차(秋茶)가 있다. 녹차는 곡우 전에 따는 우전차(雨前茶)가 최상품이며, 5월 초순에 다는 세작(細雀)을 주로 마시고, 그 이후에 따는 중작, 대작은 물 대신 마시는 엽차로 쓰며, 첫물차 두물차로도 나눈다. 기타 생산지에 다른 분류로는 한국의 보성, 화개, 해남차가 있으며, 중국의 루안, 룽징, 우이차가 있고, 일본의 우지차가 유명하다.

그밖에 별명으로 부르는 차 종류는 먼저, 여린 찻잎이 참새의 혀와 닮았다는 뜻의 작설차(雀舌茶), 아침이슬이 가시기 전에 찻잎을 따서 만든 차라는 뜻의 감로차(甘露茶)가 있으며, 대나무숲에서 이슬을 먹고 자란 잎으로 만든 죽로차(竹露茶), 봄눈이 채 녹기 전에 돋아난 여린 잎으로 만든 춘설차(春雪茶), 매의 발톱과 닮았다는 응조차(鷹爪茶), 보리의 알을 닮았다는 맥과차(麥顆茶) 따위도 있다.

어떤 사람들은 우리 전통차는 외면하고, 푸얼차 등 비싼 다른 나라의 명차만 마시기도 한다. 그런데 차도 신토불이여서 제 땅에서 토착화된 차가 우리 몸에 더 잘 맞는다는 걸 잊으면 안 된다. 특히 요즘 유통되는 푸얼차는 전통 가공 방법인 건창법이 아닌 습창법을 쓰고, 제조날짜를 고친 가짜가 많다고 하니 조심할 일이다.

차를 마시면 얻는 효과들, 그리고 차음식

세계 식품영양학자들과 의사들이 밝힌 차의 연구 결과 가운데 중요한 것은 항암효과다. 미국 퍼듀대학의 부부과학자인 도로시 모어 박사와 제임스 모어 박사는 1998년 차에 에피갈로카테친 갈라테(EGC-g)라는 물질이 들어 있다고 발표했다. 모어 박사 부부는 미국세포생물학회 학술회의에서 발표한 연구보고서에서 정상세포는 성장호르몬의 신호에 따라 분열할 때 녹스(NOX)라는 효소를 분비하는데 암세포는 때를 가리지 않고 언제나 녹스를 생산하며, 이처럼 종양과 관련된 활동을 하는 녹스를 티녹스(t-NOX)라 한다고 밝혔다.

그런데 차에 있는 에피갈로카테친 갈라테가 정상적인 녹스는 건드리지 않고 티녹스만 억제한다는 사실을 알아냈다 한다. 모어 박사는 차는 다른 차보다 에피갈로카테친 갈라테가 훨씬 많이 들어 있으며 이는 체내에서 항암효과를 일으키기에 충분한 양이라 한다.

차가 지방을 비롯한 전체적인 칼로리 연소를 촉진함으로써 체중을 감소시키는 효과가 있다는 연구 결과도 나왔다. 스위스 제네바대학의 압둘 둘로 박사는 미국의 임상영양학에 발표한 연구보고서에서 날씬한 사람부터 약간 과체중인 사람까지 평균연령 25세의 건강한 남자 10명을 대상으로 실험을 했다. 그 결과 차에 들어 있는 자연성분인 플라보노이드가 카페인과 상호작용을 일으켜 신경전달물질인 노르에피네프린의 활동에 변화가 발생하면서 칼로리 연소량이 증가한다는 사실을 발견했다.

그뿐만 아니라 전자파 방어효과가 있고, 폴리페놀은 떫은맛을 내며, 여러 가지 물질과 쉽게 결합하는 성질을 가지고 있어 중금속 제거, 항산화·항암·해독 등 약리작용을 한다. 또 류마티스성 관절염 증세를 가라앉히는 데 효과가 있다. 어떤 사람들은 커피처럼 카페인이 들어 있다고 걱정한다. 하지만 차의 카페인은 커피의 카페인과는 달리 카데닌·데아닌이라는 다른 성분과 결합하여 몸 안에 쌓이지 않고 소변으로 쉽게 빠져 나가기 때문에 문제가 없다.

차에 들어 있는 탄닌산은 콜레스테롤 저하, 혈압상승 억제, 단백질 침전작용이 있으며, 이밖에 비타민C는 생체기능의 활성화, 괴혈병 예방, 비타민E는 생식기능 촉진과 노화예방, 루틴은 혈관벽 강화, 불소는 충치예방, 플라보노이드는 입내를 제거해 준다 한다.

또 찻잎은 생활 속에서도 유용하게 쓰이는데 설거지를 할 때 세제 대신 쓰기도 하며, 장롱에 넣어 두면 곰팡이를 억제하고, 생선 비린내를 없애 준다. 운전할 때 찻잎을 씹으면 멀미와 졸음을 쫓아 주며, 우려 마신 찻잎을 말려 두었다가 불을 붙여 태우면 모기와 각종 벌레까지 쫓을 수 있고, 모기에 물리면 찻물을 진하게 우려 물린 곳에 발라 주면 붓지도 않고 독성이 쉽게 풀린다. 찻잎은 소독과 지혈작용을 하며, 발을 삐었을 때 젖은 찻잎을 환부에 발라 두면 부기가 빠지고, 샴푸 대신이나 목욕할 때 써도 좋다. 화분에 거름으로 주거나 말려서 베갯속을 하며, 무좀에는 차를 진하게 끓인 뒤 적셔서 환부에 붙여 두거나 세숫대야에 차 끓인 물을 넣고 발을 담그면 좋고, 탈취제로 쓰기도 한다.

하지만 이렇게 좋은 차도 언제나 좋은 것만은 아니므로 주의해야 한다. 차의 성질이 차기 때문에 배나 손발이 찬 사람은 많이 마시면 몸이 더욱 차가워질 염려가 있다. 또 저혈압인 사람도 차가 혈압을 낮춰 주는 효능이 있기 때문에 삼가야 할 것이다.

찻잎은 그저 우려 마시기만 하는 것이 아니다. 차를 이용하여 차나물돌솥밥, 차볶음밥, 차송편, 차화전, 차강정, 차죽, 차삼계탕, 차수제비, 차칼국수, 차생선구이 등의 음식을 해먹으면 맛과 영양이 어우러지는 훌륭한 음식이 된다. 또 라면에 찻잎을 조금 넣어서 끓이면 좋고, 술과 아이스크림, 푸딩, 유산균 음료를 만드는 데 넣어도 좋다.

우리를 행복하게 하는 차 마시기

"우리 겨레는 숙우(熟盂)에 찻잎이 천천히 퍼지면서 향기와 맛을 남기는 가운데 자신을 돌아보아 밝음과 어두움을 보고 자신의 분에 맞는 푸근한 삶의 지름길을 터득하였다"고 한 보윤 스님의 말씀을 찻잔을 기울이기 전에 꼭 한번 생각해 보면 좋을 일이다.

순천 선암사 뒤뜰에 있는 야생차밭

"예부터 성현이 다 차를 사랑하는데 차는 군자와 같아서 성품이 사특하지 않다(古來賢姓俱愛茶 茶如君子姓무無邪)"고 했다.

차 한잔을 음미하면서 건강과 함께 잃어버렸던 자아를 찾을 수도 있으리라. 물을 식히면서 자신의 마음을 가라앉히고 그 은은한 다갈색 빛깔이 나에게 와서 하나 되면 드디어 우리는 세상과 하나 됨을 느낄 수 있으리라. 행복이란 것이 분명히 마음 안에 있을진대 한 잔의 찻잔에 담긴 맛과 향을 차분하고 조용한 기분으로 느끼면 좋지 않을까.

3

몸을 자유롭게 하는 우리옷

한복, 그 아름다움 속에 숨겨진 과학
반소매 한복, 사철한복 있어요?
젖가슴을 드러낸 저고리, 무지갯빛 무지기 속치마

한복, 그 아름다움 속에 숨겨진 과학

많은 사람은 한복을 불편하다고 한다. 그런데 이 불편하다고 생각하는 한복에 우리 건강을 지켜 주는 한방과학이 숨어 있으니 어쩌랴.

어떤 사람들은 서양의학만 과학이라 여기고 우리 전통의학은 미신쯤으로 치부하기도 한다. 서양의학과 한의학은 학문적 바탕이 전혀 다른데도 현대 과학의 잣대로만 평가하려 하기 때문에 한의학의 과학적 우수성이 가려지는 경우가 많다. 이와 같은 문화사대주의는 한의학만이 아니라 옷을 비롯한 우리 문화 모두에서 쉽게 찾아볼 수 있다.

향과 맛이 뛰어난 우리 차는 외면하면서 가짜인지도 모를 중국 푸얼차에 빠진 사람이 있는가 하면, 위대한 발효 항암식품인 된장을 제치고 발효도 제대로 되지 않은 일본 된장이 더 좋다고 하는 것이 그 예다.

또 지금 한국 사람들의 옷은 양복과 양장, 그리고 간편옷 일색이다. 언제부터 이렇게 일상옷이 서양옷으로 바뀌었을까? 한국전쟁

직후만 해도 흰색 두루마기 입은 모습을 예사로 볼 수 있었고, 여자들이 치마저고리 입는 것도 남의 눈길을 끄는 일이 아니었다. 과연 서양옷이 우리가 그렇게 열심히 입어 줄 옷일까?

한의사들은 서양옷은 건강을 깨뜨리는 옷이라 한다. 서양옷은 몸에 꼭 맞게 조이도록 만들어 그러잖아도 정신적 스트레스가 심한 현대인에게 좋지 않은 옷차림이라는 것이다. 남자들의 넥타이는 목을 조일 뿐더러 매듭부분은 각종 세균이 득실거린다 한다. 또 많은 이들이 청바지가 편하다 하는데, 그것이야말로 처음 입을 때 쉽게 입는다는 것과 옷감이 질겨 아무 데나 앉을 수 있다는 것뿐이다. 실제 '편한' 것과는 거리가 멀다.

이에 비하면 한복은 지극히 과학적인 옷, 한방과학과 잘 맞는 참살이옷이다. 한방에서는 "머리를 맑게 하고 배를 따뜻하게 해야 한다"하고, "흉허복실(胸虛腹實)"이라 하여 가슴을 허하게 하고 배를 실하게 해야 한다고 강조한다. 한복은 깃 사이를 넓게 하여 가슴을 시원하게 하고, 허리를 묶어 배를 따뜻하게 해주므로 한방 이론과 잘 들어맞는다.

한복의 넉넉함은 건강을 지켜준다

그뿐만 아니라 한복의 가장 큰 특징은 넉넉함인데, 이는 건강에 아주 좋은 형태. 서양옷이 관절의 움직임을 제한하는 데 반해 한복은 평면재단을 하여 관절 모양에 옷을 맞추기 때문에 활동하기에 편하다. 평면재단은 어깨 관절을 편하게 하고, 무릎 관절을 자유롭게 굽히고 펼 수 있도록 하며, 대님은 발목이 삐기 쉬운 겨울철에 부목 구실을 한다. 자동차 운전을 해본 사람이라면 한복바지가 하체를 조이지 않으므로 관절에 무리를 주지 않고 편한 자세를 만들어 준다는 것을 느낄 수 있을 것이다.

　이 넉넉한 한복의 특징은 옷과 몸 사이에 충분한 공기층을 만들어 단열효과가 생기기 때문에 추울 땐 따뜻하게, 더울 땐 선선하게 해 준다. 몸에 딱 맞는 운동복을 입었을 때는 추위도 같은 두께의 한복을 입으면 춥지 않다는 것을 알 수 있다. 소매도 아래는 배래로 넓히고, 소매 부분을 좁게 하며, 또 저고리 소매처럼 생겨 한쪽은 좁고 다른 쪽은 넓게 하여 팔뚝에 끼는 토시도 찬다.

　바지는 사폭으로 넓게 하며, 대님으로 묶은 다음 정강이에 감아 무릎 아래 매는 행전을 찬다. 소매와 바지의 이런 특징에서 밖의 공기를 차단하면서도 통풍은 잘 되게 하는 조상의 슬기로움을 엿볼 수 있다. 이는 한국의 지형상 꼭 필요한 풍욕(風浴)을 자연스럽게 하도록 돕는 의복구조라 할 수 있다. 거기에 사폭을 한쪽으로 접어 허리를 끈으로 묶음으로써 통이 커서 활동력을 좋게 하는 장점이 있다. 허리 부분은 넓어서 내 옷과 네 옷의 구분 없이 누구나 나눠 입을 수 있는 '더불어 사는 옷'이 된다.

바지의 대님, 장기의 균형을 잡아 준다

　한복 바지 대님은 앞에서 말한 것처럼 겨울철의 부목 구실과 밖의 찬 기운을 막아 주는 것에 더하여 몸의 기운이 밑으로 빠져 나가는 것을 막고, 땅 위의 음기가 들어오지 못하도록 한다. 양인인 남자가 걸어다니는 동안 음기를 많이 받게 되면 문제가 되기 때문이다. 대님은 이런 점과 함께 '삼음교(三陰交)'라는 경혈자리를 묶어 마사지 효과를 낸다. 이 삼음교는 지라(비장)·간장·콩팥(신장)선이 교차하는 점으로 이 장기들의 균형이 깨진 것을 바로잡아 준다.

장기의 균형을 잡아 주는 대님

순천 금둔사 주지 지허 스님은 "말을 보라, 말의 허벅지는 아주 굵은 반면, 발목은 아주 날씬하다. 그것이 말의 건강비결이다. 사람도 건강해지려면 발목을 묶어 날씬하게 해야 한다"고 강조한다. 이렇게 중요한 대님을 사람들이 불편해한다는 이유로 생활한복은 물론 전통한복에서도 생략한 것을 종종 본다.

정말 중요하다면 어떻게 불편을 줄여 줄 것인지 고민하고, 그들을 설득해 대님을 보존하는 게 맞는 일이다. 또 소중한 것을 지키려면 약간의 불편을 감수해야 한다는 것도 지나쳐서는 안 된다. 요즘 일부 생활한복에서는 불편을 없애려고 대님을 바짓부리에 붙이기도 하는데, 이러면 분실의 염려도 없고 묶기도 아주 쉽다.

한의사들은 말한다. 기체(氣體)인 남자는 대님을 차 기운이 흩어지는 것을 막고, 혈체(血體)인 여자는 펄럭이는 치맛자락으로 음습한 기운이 뭉치는 것을 소통하게 한다고.

이렇게 과학적인 한복을 촌스럽고 불편한 옷이라 하고, 또 승복, 도복, 중국옷 같다고 말하는 이도 있다. 하지만 우리 한복은 미개한 옷도 아니며 중국옷과도 비슷하지 않다. 오히려 현대인에게 중요한 화두인 건강에 크게 유효한 옷이다.

"알기만 하는 사람은 좋아하는 사람만 못하고 좋아하는 사람은 즐기는 사람만 못하다(子曰 知之者 不如好之者 好之者 不如樂之者)"는 《논어》 옹야편의 말을 나는 실천해 오고 있다. 15년 동안 늘 한복을 입으며 건강하게 살고 있다.

반소매 한복, 사철한복 있어요?

언젠가부터 우리 한복은 특별한 사람이 입는 옷이 되어 버렸다. 나이 드신 어른들이 입던 흰 두루마기도 이젠 보기가 어렵다. 양복이나 청바지는 누구나 입는 옷이 되었지만 한복은 장롱 속에 처박아 두는 천덕꾸러기가 된 것이다. 결혼식에서도 여성들이나 가끔 입을 뿐, 남성들은 한복을 외면하고 있다. 그러면서 사람들은 한복에 대해 편견을 갖거나 오해를 하고 있다.

한복은 불편하다?

그 오해와 편견 가운데 가장 흔히 듣는 말은 "한복은 불편하다"는 것이다. 과연 한복이 불편할까?

북한 용강에 있는 고구려 벽화고분인 쌍영총(雙楹塚)의 주실(主室) 동벽에는 남자들이 점무늬가 있는 통이 넓은 바지 '대구고(大口袴)'를 입고 소매 폭이 넓은 '대수삼(大袖衫)'을 입은 그림이 있다. 고구려는 용맹을 자랑하던 시대여서 사람들이 매우 활동적이었을 텐데,

고구려 쌍영총 기마상, 바지가 상당히 넓다. '큰 입의 바지' 라는 뜻의 '대구고(大口袴)' 라는 이름이 참 재미있다.

 이때 귀족들이 현재의 한복과 조금 다르지만 소매가 넓은 저고리와 통이 넓은 바지를 입었다. 그렇다면 소매가 넓고 통이 넓은 바지가 결코 활동성이 떨어지는 옷이 아니라는 것이다.

 한복엔 토시와 행전이 있다는 것을 잘 모른다. 힙합바지를 입는 활동적인 젊은이들은 폭이 넓은 바지가 불편하다고 말하지 않는다. 오히려 전통무예를 하는 사람들은 풍성한 한복을 입으면 무예를 하는 데 참 좋다 한다. 넉넉한 옷이 몸을 조이지 않으므로 훨씬 편해지는 것이다.
 언젠가 텔레비전에 한복, 그것도 전통한복을 입고 등산하는 할머니가 소개된 적이 있다. 할머니는 날마다 한복 차림으로 등산을 한다. 불편하지 않느냐는 질문에 전혀 불편하지 않다고 대답했다. 이

사례만 봐도 옷이란 습관이 크게 작용하는 것임을 알아야 한다.

옷으로 몸을 조이면 무릎이나 어깨 관절에 무리가 가는 등 여러 가지 문제가 생긴다. 청바지는 앉았다 일어날 때 부자유스럽지만 한복은 전혀 그렇지 않다.

또 '불편하다'는 말 못지않게 듣는 것은 생활한복을 도복이나 승복 같다 하고, 심지어는 복식이 전혀 다른 중국옷을 닮았다는 것이다. 어찌 우리의 훌륭한 옷, 수천 년을 우리 겨레와 함께 해 온 한복을 그렇게 보는지 정말 안타깝다. 도복은 도인들이 즐겨 입는 옷으로 한복을 응용한 것이지만 거꾸로 생활한복이 도복은 아니다.

승복도 역시 한복을 응용한 거지만 한복보다 깃이 넓고 몇 가지 복식을 생략한 옷이어서 생활한복을 승복으로 보는 것도 억지다. 그보다 더 한심한 것은 중국옷을 닮았다고 하는 것이다. 중국옷은 한복처럼 넉넉하지도 않고, 한복의 직선 깃과 달리 곡선 형태의 곡령이나 차이나 깃(갈라)이기에 진히 다른 옷이다.

문제는 여기서 끝나지 않는다. 보통 사람들은 서양옷에서는 요구하지 않는 주문을 하고 편견을 가지고 있기에 한복의 발전을 가로막고 있다.

생활한복 가게에 소비자들이 와서 묻는다.

"사철 입는 옷 있어요?"

가능한 질문일까? 되묻는다.

"서양옷은 사철옷이 있나요?"

"……"

또 묻는다.

"반소매옷 있어요?"
"어떤 용도로 입으시게요? 간편옷 대신 입으실 건가요?"
"외출할 때나 사람 만날 때 그리고 모임에 갈 때 입을 겁니다."
물론 그가 한 벌만 사면서 간편옷을 살 리가 없겠지.
"반소매 양복을 보신 적이 있나요?"
"……"
제발 한복 보는 눈을 바로 가져주었으면 하는 바람이다.

한복에 두루마기를 안 입어도 괜찮다?

 명절 때면 방송에서 평소에 한복을 입지 않던 연예인들의 한복차림을 자주 본다. 그런데 남자 한복에서 품위와 예의의 상징인 두루마기까지 갖춘 사람들은 거의 눈에 띄지 않는다. 예부터 여자 두루마기는 방한용이기에 안 입어도 괜찮지만, 남자 두루마기는 나들이 할 때 예의용이므로 꼭 입어야 할 겉옷이다. 그래서 저고리나 마고자 또는 조끼 차림은 안방에 있을 때 차림이기에 예의는 기대할 일이 못 된다. 양복을 입고 외투를 입지 않아도 되는 것처럼 생각하는 편견을 버려야만 한다.
 한복에서 예의를 드러내는 것은 두루마기만이 아니라 대님도 있다. 박남일의 《좋은 문장을 쓰기 위한 우리말 풀이사전》에 나온 예문에 이런 대목이 있다. "집안에서 한바탕 난리를 친 김첨지는 풀대님으로 사립짝을 나선다." 여기서 '풀대님'은 바지를 입고 대님을 매지 않은 차림을 뜻한다. 대님을 매지 않으면 바짓부리가 바닥에

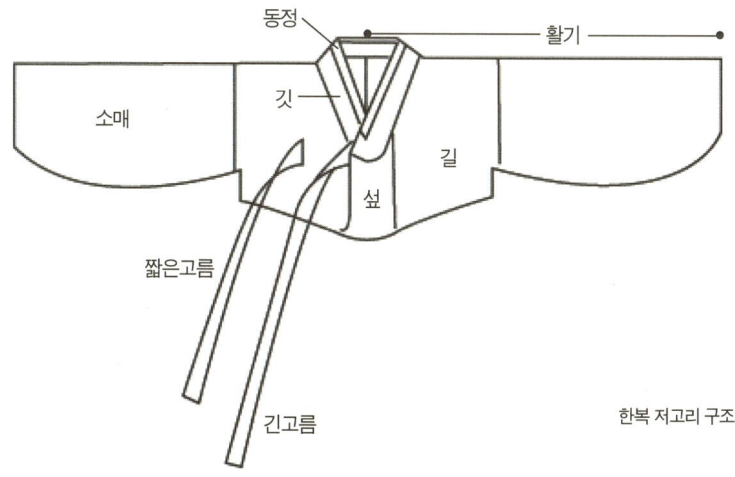

한복 저고리 구조

질질 끌리게 되고 맵시가 나지 않는다. 그러나 불편함이나 맵시보다 풀대님 차림은 예의와 격식에 어긋나는, 조금 이상하게 보인다. 그래서 '풀대님 차림'은 어지간히 경황이 없는 상태나 예의 없는 차림새를 빗대는 말이다.

그런데 요즘 한복은 불편하다고 대님 대신 단추나 찍찍이를 붙이고, 아예 대님 형태를 없애 버리기도 한다. 한복에 맵시, 그리고 건강과 철학이 담긴 대님의 소중함을 잊어버리고 있다.

거기에 생활한복의 주된 옷감인 면이 좀 무겁고 화려하지 않다는 이유로 합성섬유를 쓰거나 입고 벗기 편하게 하려고 허리끈을 없애고, 찍찍이나 걸고리로 대체하여 허리에 딱 맞도록 하는 것도 한복을 왜곡하는 잘못된 것들이다. 또 일부 생활한복은 바지 앞자락에 소변용 지퍼를 달았다. 그런데 문제는 바지 한가운데 지퍼를 달면 앉았을 때 앞에서 보이기 때문에 품위는 보장할 수 없다. 그래서 지퍼를 사폭선에 감춰 다는데, 이는 한쪽으로 치우쳐 있어서 소변을 볼 때에는 보물찾기를 하는 수선을 떨어야 하기에 결코 편한 것이 아니다. 차라리 허리끈을 뒤쪽에 붙여 놓으면 끈을 풀어도 쉽게 흘러내리지 않기 때문에 허리끈을 잡고 앞자락만 내렸다 올리면 되기에 품위를 잃지 않고 볼일을 볼 수가 있다.

이렇게 한복에 대한 편견이나 거짓꾸미기는 한둘이 아니다. 그런데 그 편견과 거짓꾸미기가 커지고 많아진 까닭은 우리가 오랫동안 한복을 입지 않았기에 뿌리를 지킨 의생활 문화가 단절된 탓이 가장 클 것이다. 이제부터라도 다시 입게 된다면 그 정도는 쉽게 극복할 수 있다고 생각한다.

우리는 세계 최고의 글자 한글을 가지고 있다. 하지만 공기의 소중함을 모르듯 한글의 훌륭함을 알지 못하는 사람이 많다. 그것처럼 자연을 닮은 옷, 건강을 지켜 주는 한복이 곁에 있는데도 사람들은 이에 대한 편견으로 외면한다.

어떤 사람들은 담배를 피워도 건강하게 오래 사는 사람도 있다고 강변한다. 하지만 그는 더 오래 더 건강하게 살 수 있음을 놓쳐 버렸다는 걸 모른다. 또 그런 사람은 정말 운이 좋은 것이고, 대다수 사람은 담배 때문에 병이 나고 고생하다 일찍 죽을 수도 있다. 그것처럼 한복을 안 입었다 해서 세상을 힘들게 사는 것도 아니고, 병에 걸려 일찍 죽는 것도 물론 아니다. 그러나 한복을 입음으로써 훨씬 건강하고 아름다운 삶을 살 수 있다면 한복 입기를 주저할 필요는 없을 것이다. 특히 한복에 대한 편견이나 오해로 정말 좋은 옷, 한복을 입지 못한다면 불행한 일이 아닐까?

젖가슴을 드러낸 저고리, 무지갯빛 무지기 속치마

분홍색 회장저고리
남 끝동 자주 고름
긴 치맛자락을
살며시 치켜들고
치마 밑으로 하얀
외씨버선이 고와라
멋들어진 어여머리
화관 몽두리
화관 족두리에
황금 용잠 고와라.
은은한 장지 그리메
새 치장하고 다소곳이
아침 난간에 섰다.

— 신석초의 〈고풍〉

중국 연변조선족자치주 연길에 갔을 때의 일이다. 국제학술대회가 열리는 호텔에 들어서자 현관 계산대와 휴게실에 한복을 입은 젊은이들이 일을 하고 있다. 잠시 이곳이 중국이 아니라 한국인가 하는 생각을 했다. 하지만 이들은 호텔 종업원뿐만 아니라 시청 민원실 공무원들도 한복을 입고 근무한단다. 조선족의 뿌리 지키기인 것이다. 그런데 정작 한국은 한복에 대한 애정이 점점 식어가고 있다. 그나마 명절과 잔칫날에 입던 것이 이젠 텔레비전 드라마에서나 볼 수 있는 정도다.

한복은 상고시대부터 입어 온 우리 고유의 복식

한복(韓服)을 사전에는 "한민족의 고유한 의복, 조선옷"이라 풀이한다. 두산대백과사전에는 "당(唐)·원(元)·명대(明代)의 관복제도를 받아들여 한국 고유의 복식과 조화시키면서 발전시킨 것으로, 조선옷이라고도 한다. 직선과 약간의 곡선이 조화를 이루어 아름다우며, 특히 여자옷은 짧은 저고리와 넉넉한 치마가 어울려 옷차림이 단정하고 아담하다"고 되어 있다. 또 "한복 저고리는 오른쪽으로 여미는 우임이어야 하므로 좌임은 잘못이다"라고 주장하는 사람도 있다.

모두 올바른 표현일까? 물론 '한민족의 고유한 의복, 조선옷'에 토를 달 까닭이 없다. 하지만 상명대 박선희 교수는 "고조선은 이미 동아시아 최고의 직조기술을 가지고 있었고, 면화를 재배했다"고 발표하여 그 동안 우리가 가지고 있던 상식을 단번에 깨버렸다.

안악 제3호분 벽화에 나오는 인물의 복식에 달린 화려한 장식단추는 그것이 고구려 무덤임을 증명해 준다. 그리고 오른쪽 여밈의 중국, 왼쪽 여밈의 북방과는 달리 오른쪽 왼쪽 여밈의 옷이 같이 등장하며, 우리 겨레는 외부와 접촉하고 끊임없이 침탈을 받아왔지만 복식은 끝까지 변하지 않았다. 결국 한복이 중국이나 북방에서 들어온 옷을 토대로 토착화된 것이라는 주장은 설득력이 없다.

상고시대부터 우리는 다른 민족에 앞서는 의생활을 해왔고, 특히 처음부터 우리 민족 옷의 특징이었던 '저고리와 바지' 형태는 현대에까지 한 번도 변하지 않은 것으로 어느 민족에도 없는 특별한 경우다.

엉덩이를 덮었던 저고리, 젖가슴을 드러내다

사람들은 보통 저고리가 짧고 치마가 긴 현재의 여자 한복이 오랫동안 유지된 것으로 안다. 하지만 그런 형태는 그리 오래된 것은 아니다. 특히 여성 한복은 저고리 길이가 큰 변화를 거쳤다.

조선 중기인 1580년경 청주 한씨 덧저고리 길이는 무려 81센티미터나 되어 엉덩이가 덮일 정도였다. 그렇게 긴 저고리가 1616년대에는 63센티미터, 1700년대에도 42센티미터 정도로 허리를 덮었는데, 1780년경에는 27센티미터로 줄어들더니 1890년대는 무려 19.5센티미터, 급기야 1900년대는 14.5센티미터까지 짧아져 젖가슴이 보일 정도로 섹시한 한복이 되었다. 품도 줄어들고 소매도 팔길이에 맞게끔 짧아진다. 또 저고리가 급격하게 짧아지면서 속살을 보이지 않게

한복을 입은 중국 연변조선족자치구 연길 국제호텔 종업원들

하려고 여인네들은 치마허리를 둘렀다. 작고 짧은 저고리와 풍성한 치마인 상박하후(上薄下厚)의 복식미가 완성된 것이다.

그렇게 된 까닭을 옷감 부족 때문이라는 얘기도 있지만, 그보다는 기녀들의 영향을 받아 저고리도 섹시해졌다고나 할까? 게다가 젖가슴이 드러나면 대단히 부끄러워하는 요즘과는 달리 당시에 젖가슴은 다복(多福)과 다산(多産)을 상징했으므로 과감히 드러낼 수 있었는지도 모른다. 그때는 저고리를 혼자는 도저히 입을 수가 없을 정도였는데 그 뒤 1930년대부터 26센티미터 정도로 다시 길어져 현재 모습으로 정착되었다. 20세기, 사회활동이 활발한 신여성의 등장과 함께 불편한 작은 저고리는 다시 약간 길어지고 넉넉하게 변화한 것이다.

변화는 그뿐만이 아니다. 한복에는 저고리 위에 배자를 입어 왔지만 조선 말기엔 조끼와 마고자가 새롭게 등장한다. 그래서 사실 우리가 지금 흔히 입는 전통한복 중에 조끼와 마고자는 전통옷이 아니라 수입품이라는 말을 듣기도 한다.

'마고자(麻古子)'는 저고리 위에 입는 덧옷으로 깃, 고름이 없는데 원래 만주옷으로 추운 지방의 덧저고리다. 1887년 대원군이 만주 보정부에서 풀려나 귀국할 때 만주옷 '마괘(馬褂)'를 입고 와 이것이 변형되어 널리 퍼진 것이다.

또 '조끼'는 저고리 위에 덧입는 소매 없는 옷으로 양복이 들어오면서 양복의 조끼를 변형하여 입기 시작했다. 외국옷의 토착화라고 해야 한다. 오랫동안 입어 온 '배자(背子, 褙子)'는 역시 저고리 위에 덧입는 것이지만 소매와 섶, 고름은 없는 대신 조끼나 마고자와는 달리 깃이 있다. 이 밖에도 단령, 깃 등도 오랜 기간에 변화를 거쳤다.

예전에 입었던 옷 중에서 특이한 것은 삼국시대에 유행하던 비단벌레의 날개를 이용한 옥충식(玉蟲飾) 치마다. 옥충식 치마는 신라 금관총에서 발견된 것으로, 비단벌레의 날개를 꽃무늬 모양의 옷감에 붙여 장식한 것이다. 지금까지는 발굴보고서를 통해 그 존재만 확인할 수 있었던 옥충식을 학자들은 통일신라의 치마에 그대로 재현하는 노력을 하고 있다.

2002년에 출토된 광해군 시절 전라도 병마절도사를 지낸 무관 이응해(李應獬) 장군의 방령(方領)도 특이하다. 기존에 알려진 사각깃 모양을 가진 방령은 앞은 길고 뒤가 짧아 말을 탈 때 입는 옷으로 알려졌었다. 하지만 이응해 방령은 앞뒤 길이가 같아 일반 외투에서도 방령이 이용된 것으로 나타나, 조선시대 남성 외투의 다양한 맵시가 시선을 끌었다.

입고 또 입고, 조선시대의 여자 속옷들

조선시대 여자들은 어떤 속옷을 입었을까? 요즈음은 한복 치마 속에 '속치마'만 입는데 이는 개화기 이후부터다. 그 전에는 두 가랑이로 된 속곳 따위를 입었다. 먼저 겉저고리 안에는 '속적삼', '속저고리'를 입었고, 속옷도 아닌 것이 속옷처럼 쓰인 '허리띠'가 있었다. 이 '허리띠'는 조선 후기로 오면서 저고리 길이가 짧아지자 겨드랑이 밑의 살을 가리도록 한 것이다.

그러나 아래에는 겉치마를 풍성하게 보이려고 허리 부분을 부풀리는 3, 5, 7층의 무지갯빛 '무지기'를, 허리 아랫도리를 부풀려 보이게 한 '대슘치마'를 입었다. 그런데 이 무지기와 대슘치마를 벗기면 그 안에는 '너른바지'가 있다. 아니 너른바지를 벗으니 그 속엔 또 '단속곳'이 나오고, '속바지(고쟁이)'가 나온다. 끝일까? 아니다. 그 속엔 또 '속속곳'과 '다리속곳'까지 있다. 보온보다는 맵시 때문이다.

조선시대에는 아무리 더운 삼복더위라 하여도 반드시 속옷을 받쳐 입었다. 또 새색시들은 겨울에도 모시로 만든 분홍적삼을 입었다. 속시원한 시집살이를 바라는 마음으로 한겨울에도 모시적삼을 입었다니, 당시 시집살이가 많이 힘들긴 힘들었던 모양이다.

조선시대에는 한복 색깔로 자신의 처지를 나타냈다. 결혼하지 않은 아가씨는 다홍치마, 노랑저고리, 갓 결혼한 새색시는 다홍치마, 연두저고리, 결혼한 부인은 남치마, 옥색저고리를 입었다. 저고리 끝동(소매)이 남색이면 아들이 있다는 표시고, 자주색 고름을 달면 부부가 금슬 좋게 해로하고 있다는 뜻이다. 그런가 하면 왕가나 명문세도가는 금박무늬를 새길 수 있었다. 오늘날 흔히 말하는 '럭셔리'일까? 그러나 임진왜란 이후 신흥 양반이 급격히 늘어나면서 일반인들도 금박무늬를 옷에 새길 수 있게 되었다.

모두가 하나 되는 굿거리

거문고를 연주하니 검은 학이 춤추었다
대숲의 소리, 대금
풍물판에서 왕초보가 징채를 잡다
추임새로 만들어 가는 판소리의 미학
물참봉 도깨비, 그는 누구일까?

거문고를 연주하니 검은 학이 춤추었다

세상사는 구름이라 험하기도 험하구나
엊그제 빚은 술이 얼마나 익었는가?
술잔을 잡거니 권하거니 실컷 기울이니
마음에 맺힌 시름이 조금이나마 덜어지는구나
거문고 줄을 얹어 풍입송(風入松)을 타자꾸나
손님인지 주인인지 다 잊어버렸도다.

송강 정철은 〈성산별곡〉에서 이렇게 노래한다. 험한 세상사를 잊고 벗과 함께 술을 권커니 잣거니 하다가 거문고를 타니 누가 손님인지 모를 정도가 되었다니 술 탓일까 거문고 탓일까? 벗과의 자리뿐만 아니라 혼자 즐기는 거문고의 세계도 절제와 내면세계로의 침잠을 통하여 자연과 하나 되고 소리(琴)와 하나 되는 주객일체의 경지다.

금은 중국 악기, 거문고는 한국 음악을 위한 악기

고구려 옛 도읍지인 중국 지린성 지안에서 발굴된 무용총 벽화와 제17호분에 거문고의 원형으로 보이는 4현 17괘의 현악기가 그려져 있고, 또 안악에서 발굴된 고분 제3호분 후실(後室) 동쪽 벽 무악도(舞樂圖)에도 거문고 원형으로 보이는 악기가 그려져 있다. 이 그림에서는 줄이 여섯이 아니고 4줄이며, 음의 높낮이를 조절하는 괘가 16개가 아니고 17개로 조금 다르지만, 악기를 무릎 위에 놓고 손에 술대를 쥐고 연주하는 모습은 거문고의 원형으로 짐작된다.

《삼국사기》 '악지'의 현금(玄琴) 부분을 보면 왕산악이 진나라에서 보낸 금(琴)을 고쳐 거문고를 만들고, 1백여 곡을 작곡하여 연주했더니 검은 학이 날아와서 춤을 추었다 한다. 그래서 '현학금(玄鶴琴)'이라 했다가 나중에는 그냥 '현금'이라 했다는 이야기가 전한다. 중국 음악에 사용되던 금이 우리나라에 와서 우리 음악에 맞는 거문고가 되었다. 그것은 중국 음악과 한국 음악이 같지 않다는 말이다. 왕산악이 작곡했다는 1백여 곡도 중국 음악과 다른 한국식 음악이었을 것이란 얘기다.

거문고나 가얏고의 고는 현악기(琴)를 뜻하는 우리말이다. 국어학자 이탁(李鐸)의 〈국어학 논고〉에서 고구려의 '고(高)'가 나라 이름이고 '구려(句麗)'는 나라를 뜻하는 것이며, '高'를 '감'이라 읽는다 했다. 그래서 거문고는 고구려의 나라 이름을 뜻하는 '감(또는 검)'과 고대 현악기를 두루 일컫던 '고'가 붙은 말로서 '감고' 또는 '검고'

중국 지린성 지안의 장천 1호분 앞 칸 서벽 위쪽 벽화. 여성의 거문고 반주에 맞춰 남자가 춤을 춘다.

가 거문고로 변한 것으로 보인다.

거문고의 울림통은 아쟁과 같은 상자식인데 머리쪽은 용두(龍頭), 꼬리쪽은 봉미(鳳尾), 용두의 윗면은 좌단(坐團)이라 한다. 좌단과 통 사이에는 현침(絃枕, 담괘)이 질려 있고, 통 위에는 단단한 회목(檜木)으로 만든 16개의 괘가 차례로 세워져 있다.

또 통 위에는 6개의 줄이 용두와 봉미 사이를 연결하며, 용두 쪽에는 줄이 뒷면 진괘에 매어져 있는데, 줄은 가까운 쪽부터 문현(文絃), 유현(遊絃), 대현(大絃), 괘상청(棵上淸), 괘하청(棵下淸), 무현(武絃)이라 한다. 유현, 대현, 괘상청은 괘 위에 올려져 있고 문현, 괘하청, 무현은 안족(雁足) 위에 올려져 있다. 거문고, 가야금, 아쟁 따위에 있는 안족은 줄에 괴고 위아래로 움직여 줄을 고르는 기구인데, 기러기의 발 모양과 비슷하다 하여 기러기발이라 한다.

술대를 사용할 때 통의 앞면이 상하는 것을 막기 위해 부드러운 가죽으로 된 대모(玳瑁)를 붙인다. 거문고의 규격은 길이 162, 넓이 22, 높이 14센티미터로 앞판은 오동나무를 5년 이상 자연 건조하여 만들고, 뒷판은 밤나무를 3년 이상 그늘에서 건조한 것으로 만든다. 안족은 돌배나무, 벚나무로 만들며, 괘는 돌배나무, 벚나무를 쓴다. 거문고를 새로 살 때는 색이 다소 무겁고 장중한 것을 고른다.

선비를 매료시킨 거문고산조

거문고는 석가여래가 설법하던 영산회의 불보살(佛菩薩)을 노래한 악곡 영산회상(靈山會相)과 궁중에서 쓰이던 관악합주곡 보허자(步虛子) 계통의 변주곡, 전통 성악곡인 가곡 반주 등 주로 정악에 많이 쓰인다.

또 중요무형문화재 제16호 거문고산조는 거문고가 지닌 특성을 잘 활용하여 훌륭한 감성을 만들어 내고 있다. 산조란 장구 반주에 맞추어 한 악기의 독주 형태로 연주하는 것을 말하며, 4~6개의 악장으로 나누어 느린 장단에서 빠른 장단 순서로 연주한다. 거문고산조는 건양 원년(1896) 백낙준에 의해 처음으로 연주되었으나, 거문고의 품위를 손상한다는 비난을 받아 빛을 보지 못하다가 개화기에 들어서 인정받기 시작하였다.

처음에는 선율이나 흐름이 단조로운 가락이었으나 점차 절묘하고 복잡한 흐름이 보태졌다. 느린 장단인 진양조, 보통 빠른 중모리, 좀 빠른 중중모리, 절름거리는 5박인 엇모리, 빠른 장단인 자진모리 등 5개 장단으로 구성되어 있다.

선율을 보면 모든 악장의 첫 부분이나 중간에 잠깐 나오는 담담하고 꿋꿋한 느낌의 우조(羽調)와 흔히 끝에 나오는 슬프고 부드럽고 애절한 느낌의 계면조(界面調)로 짜여 있다.

거문고산조는 수수하면서도 웅장하고 막힘이 없는 남성적인 절제미가 돋보이는 음악으로, 우조와 계면조를 섞은 빠르고 느린 리듬이 조이고 풀고 하면서 희로애락의 감정을 잘 표현하고 있다. 백낙준에게서 비롯된 거문고산조는 박석기, 임석윤, 김종기, 신쾌동, 한갑득, 김윤덕 등의 명인을 거쳐 원광호에게 전승되었으며, 현재 전수조교인 김영재와 김혜경 등이 그 맥을 잇고 있다.

1980년대 이후 거문고를 사용한 창작 음악들이 많이 작곡되어 새로운 연주법도 개발되었다.

과학이 만들어 낸 거문고와 가야금의 아름다움

서울대 뉴미디어 통신공동연구소가 얼마 전 가야금에 대해 실험을 했다. 울림통 위에 가루를 뿌린 뒤 주파수를 달리해 진동을 가하는 '클라드니 도형' 실험이다. 그 결과 현에서 생기는 주파수인 100헤르츠에서는 울림통이 떨렸지만 현이 만들지 않는 주파수인 80헤르츠에서는 울림통이 꼼짝도 하지 않았다. 현이 떨릴 때 울림통도 같이 떨려야 고운 소리가 나는 '비결'을 눈으로 입증한 것이다.

그뿐만이 아니다. 가야금과 거문고의 울림통 재료로 쓰는 오동나무의 상피세포를 현미경으로 관찰하면 세포의 벽이 얇고 유연하며, 비중도 0.35에 불과하다. 이에 비해 바이올린 재료인 가문비나무는 규칙적이며 촘촘한 세포구조로 되어 있다. 그 때문에 우리 현악기는 바이올린보다 음색이 부드럽다 한다.

또 울림통 재료인 나무 무늬의 형태도 소리에 큰 영향을 끼치는데, 좋은 가야금과 거문고는 일반적으로 국수무늬 목재를 사용한 울림통이다. 국수무늬는 늙은 나무의 중심부를 긁어낸 목재가 아래로 쭉쭉 뻗은 무늬를 갖고 있다고 해서 붙여진 이름이다. 늙은 나무 층을 긁어내면 연주된 음이 없어지지 않고 대부분 반사되기 때문에 공명 현상이 극대화되어 소리가 증폭되고 풍부한 연주가 가능해진다는 것이다.

이처럼 우리 전통 현악기들은 정밀한 과학적 원리를 바탕으로 울림통 구조, 재료가 되는 나무의 세포 형태, 국수무늬 등이 어울려 빚은 아름다움이다.

선비들, 거문고를 통해 참 자기를 꿈꾸었다

옛 선비들은 늘 거문고와 함께 했다. 그들은 아름다운 자연 속에서 시(詩)·서(書)·금(琴, 거문고)·주(酒)를 즐겼으며 그것을 삶의 중요한 영역으로 삼았다. 선비들이 혼자 즐기는 풍류에는 거문고가 으뜸이고, 이 거문고 음악에 간단히 시를 얹어 읊곤 했다. 〈황진이〉란 드

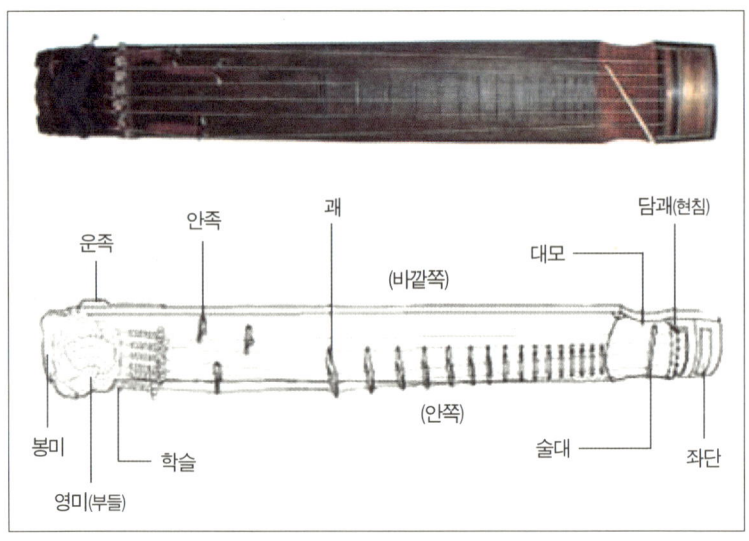

거문고

라마에서도 벽계수 대감이 거문고를 타는 장면이 나온다.

〈양금신보〉를 비롯한 고악보에는 "금자악지통야 고군자소당어야 (琴者樂之統也 故君子所當御也)"라는 글귀가 있다. 그 뜻은 "거문고가 음악을 통솔하는 악기이므로 군자가 마땅히 거느리어 바른길로 나가게 하라"는 뜻이다. 이 말은 거문고를 '백악지장(百樂之長)'이라 하여 가장 귀하고 중요한 악기로 여기는 것과 같은 내용이다.

동국대학교 전통예술대학원 최종민 교수는 "거문고는 줄풍류에서 가장 중요한 악기로 쓰이고, 늘 합주를 이끌어 가는 구실을 한다. 또 실제 전통사회에서는 피리나 젓대를 하는 잽이들이 전문 음악인이고, 거문고를 하는 풍류객들은 아마추어 음악인이었는데도 풍류를 할 때에는 거문고를 하는 선비가 이끌곤 했다. 거문고라는 악기

거문고 줄 고르기(혜원 신윤복)

가 합주를 이끌어 가도록 되어 있기 때문"이라 했다.

　중국 악기 금은 고대 전설상의 제왕인 복희씨(伏犧氏)가 만들어서 그것으로 몸을 닦고 성품을 다스려서 하늘이 준 참 자기의 경지로 돌아가게 했다 한다. 이 금이 한국에 와서는 거문고가 되어 그러한 목적을 추구했다. 즉 선비들은 거문고라는 악기를 통해 인간이 도달하고자 하는 최고의 경지를 꿈꾸었을 것이다. 그래서 거문고의 규격도 우주를 축약해 놓은 소우주로 생각하였다.

　거문고는 이제 거의 잊혀가는 악기인지도 모른다. 그것은 어쩌면 선비정신이 잊힌다는 것을 말함이다. 선비란 무엇인가? 선비라는 말의 말밑(어원)을 살펴보면 '어질고 지식 있는 사람'을 뜻한다. 조선 후기의 실학자 박지원은 〈선비에 대하여〉란 글에서 "선비는 아래로 농부나 악공과 나란하고, 위로는 임금과 벗한다. 지위로는 차이가 없고, 덕으로는 바름을 추구하는데 한 선비가 독서를 하면 혜택이 온 세상에 미치고, 보람이 만세에 드리워진다" 했다.

또 선비는 가난한 생활을 하면서도 편안한 마음으로 도를 기쁘게 지킨다는 '안빈낙도(安貧樂道)'를 즐긴다. 선비는 편안한 마음으로 도를 즐겨 지키는 것인데 이것이 자신의 즐거움을 위한 것이 아니라 세상을 기쁘게 함이다. 거문고를 타는 것은 어쩌면 그것을 추구하는 일이 될 것이다. 자신뿐만 아니라 세상을 환하게 하는 악기가 거문고가 아닐까? 거문고를 연주하니 검은 학이 날아와서 춤을 추었다!

달 아래에서 거문고를 타기는
근심을 잊을까 함이러니
춤곡조가 끝나기 전에
눈물이 앞을 가려서
밤은 바다가 되고
거문고줄은 무지개가 됩니다.

거문고 소리가 높았다가
가늘고 가늘다가 높을 때에
당신은 거문고줄에서 그네를 뜁니다.

— 한용운의 〈거문고를 탈 때〉

대숲의 소리, 대금

만파식적, 자연의 숨소리와 가슴 속의 혼

예로부터 우리 음악에 쓰이는 악기 가운데 가로 부는 관악기를 가리켜 '적(笛)'이라 쓰고 우리말로 '저'라 부른다. 또 가로로 부는 악기 중 대금은 가장 큰 까닭에 '큰저' 또는 '젓대'라 한다. 대금은 살이 두껍고 단단하며, 양쪽 줄기에 홈이 깊이 팬 병든 대나무인 쌍골죽(雙骨竹)으로 만든 것이 가장 좋다. 대금에는 부는 구멍인 취구(吹口)와 갈대청을 발라 맑은 떨림소리를 내게 한 청공(淸孔) 하나, 손가락을 막고 떼면서 음정을 변화시키는 지공(指孔) 여섯, 그리고 높은 음을 조절할 때 쓰는 칠성공(七星孔)이 있다.

국악의 기본음계는 중임무황태(仲林無潢汰)인데 대금의 음역(音域)은 낮은 임(林)에서부터 높은 태(汰)까지 3옥타브에 이른다. 음색은 저음부에서는 부드럽고 따뜻하며, 중음부에서는 청아하고 투명한 소리를 내고, 고음부에서는 시원하고 장쾌한 소리를 낸다.

대금은 정악대금(正樂大笒, 풍류대금)과 산조대금(散調大笒, 시나위젓대)의 두 종류가 있다. 예부터 전해 내려오는 말에 돌(石)소리보다 쇳(鐵)소리, 쇳소리보다 실(絲)소리, 실소리보다 대(竹)소리, 대소리보다는 사람의 목소리가 으뜸이라 하지만, 사실 모두 제각기 독특한 음색이 있다. 그 가운데 대소리는 웅장하고 청아한 음률 속에 자연의 숨소리가 표현되고 그 소리는 외적인 것보다는 가슴속의 혼이 깃들어 있다.

그럼 이 대금을 언제부터 불었을까? 확실히는 알 수 없지만 적어도 삼국시대부터는 널리 쓰였을 것이라 짐작한다.《삼국유사》에 '만파식적(萬波息笛)' 이야기가 전하고, 그 이전부터 중금·소금과 함께 신라 3죽으로 불러왔다고 하며, 국립경주박물관에 신라시대 옥대금 등이 있다. 또 지린성 지안의 장천 제1호, 지안 제17호 고분 벽화에 '횡적(橫笛)연주도'가 그려져 있고, 당 두우의《통전》과《복사》에 고구려 악에 쓰인 악기들 중 횡적이 있다는 기록과,《수서》에 소개된 고구려 악에도 역시 적이 쓰였다는 기록이 보인다. 그리고 백제에도 '적'이 있었고, 백제가 일본에 전한 악기 가운데 횡적이 있다는 기록으로 보아 어쩌면 삼국시대 이전부터 대금이 쓰였는지도 모른다.

대금 호흡법, 뱃속으로부터 나오는 내부호흡

대금 연주에서 가장 중요한 것은 소리의 원천인 호흡법이라고 중요무형문화재 제45호 대금산조 예능보유자인 이생강 선생은 말한다. 대금 호흡법은 내부호흡으로 배꼽 아래에 힘을 모아 뱃속으로부터 입 밖으로 '허' 하고 내미는 뜨거운 기운, 입김(복식호흡)이다. 찬

외팔로 대금 연주를 하는 이삼 스님

바람인 외부호흡으로 소리를 내면 반주 음악이나 효과음은 큰 문제가 되지 않으나 음이 거칠고 탁하여 듣기가 거부하다 한다. 그리고 호흡이 짧아 자주 호흡을 해야 하므로 오래 연주하기가 부담스럽고, 상·중·하 음이 정확하게 나오지 않는다. 그러나 내부호흡으로 소리를 내면 맑고 부드러운 음이 나오면서 호흡도 여유 있게 조절할 수 있다.

대금과 관련한 중요무형문화재는 두 가지인데, 중요무형문화재 제20호 대금정악과 제45호 대금산조가 그것이다. 정악대금은 궁중음악, 즉 풍류음악을 연주하는 악기로 다른 악기와 합주를 하기 때문에 음정을 다른 악기와 같게 맞추어야 한다. 따라서 산조대금보다 좀 길다.

경기도 광주에는 한쪽 팔로 정악대금을 연주하는 이삼 스님이 있다. 스님은 이미 세상을 뜬 정악대금 중요무형문화재 김성진 선생에게서 대금을 배웠지만 교통사고로 한쪽 팔이 마비된 뒤 한쪽 팔로만 연주할 수 있는 '여음적'이란 대금을 개발하여 연주하고 있다. 스님의 대금 연주는 어려운 정악대금 소리를 부담 없이 쉽게 들려주는 매력을 지녔다.

'정악'이란 말 그대로 '바른 음악'이지만 다르게 표현하면 탈속한 듯한 음악, 번잡하고 분주한 것이 아닌 편안하고 차분한 음악이며, 들어서 마음이 푸근해지고 넉넉해지지 않으면 정악이 아니라고 한다. 스님은 대금을 비롯하여 단소, 가야금, 거문고, 아쟁 등 국악기를 한쪽 팔로 손수 만들고 있다.

대금산조는 20세기 초 박종기(1879~1939)에 의해 처음 연주되었다. 그 후 한주환, 한범수, 이생강, 서용석, 원장현 등에게 이어졌다. 이생강, 서용석, 원장현은 이 시대의 만파식적을 부는 산조대금의 명인이다. 세 명인의 소리는 아주 다르다. 이생강은 헛김 하나 새지 않는 맑은 소리와 완벽하고 빠른 연주, 서용석은 정통 남도음악에 걸맞은 깊이와 호소력, 원장현은 무대에 따라 다른 창조적인 연주가 특징이라는 평가를 받는다.

이 가운데 죽향 이생강은 한국 최초로 국악을 서양음악에 접목한 연주자로 대금 음악 보급에 크게 이바지하였다. 또 이생강은 기존의 박종기류 대금산조와 한주환류 대금산조를 복원했고, 이생강류 대금산조를 120분 넘게 연주하며, 또 전추산 이후 명맥이 끊어졌다고 했던 단소산조를 복원하기도 했다.

대금은 가을 소리를 낸다

정악대금의 명인 김성진 선생은 대금 소리를 "대금은 가을 소리다. 피리가 소를 모는 목동들이 먼 산의 아지랑이를 보면서 부는 봄의 소리라면, 대금 소리는 가을밤 하늘을 수놓는 기러기의 울음소리다. 정적이면서도 호소력 있는 우리만의 소리"라 했다.

대금 소리, 그것을 듣고 있노라면 대숲에 이는 바람소리가 들린다. 대금 소리, 어떤 이는 바람처럼 애착 없이 살라는 바람의 속삭임으로 표현한다. 하지만 그것이 그렇게 쉬운 일이던가? 그래도 대금은 끊임없이 마음을 비우라고 속삭인다.

신라 통일을 이룩한 문무왕이 왜구를 막기 위해 감은사(感恩寺)를 짓다가 세상을 뜨고 신문왕(神文王)이 즉위한 이듬해 일의 기록이다. 동해 한가운데 갑자기 거북이 머리 같은 모습의 조그만 산이 생겼는데 그 산 위에 한 개의 대나무가 있어 낮에는 두 개가 되고 밤에는 한 개로 합쳐졌다. 이를 이상히 여긴 임금이 신하를 시켜 그 대나무를 잘라 옆으로 부는 악기를 만들었다. 이 악기를 불면 "적병이 도망가고 병이 치유되며, 가뭄에는 비가 오고 바다의 거친 파도가 잔잔해졌기 때문에 국보로 소중하게 여겼다" 하여 만파식적(萬波息笛)으로 불렀단다.

이 시대에도 온 나라에서 수없이 젓대 소리가 들린다면 모두가 행복한 세상이 되고, 또 우리가 애타게 바라는 통일도 쉽게 올는지 모른다.

풍물판에서 왕초보가 징채를 잡다

추수감사제에서 왕초보가 징을 치다

10여 년 전 충북 괴산 시골마을의 추수감사제에 참여한 적이 있다. 그때 마을 아주머니들은 양동이에 막걸리를 담아 돌아다니면서 사람들에게 막걸리를 한 잔씩 마시게 했다. 한 서너 순배쯤 돌자 사람들은 얼큰하게 취기가 오르고 흥이 나기 시작했다.

그런데 갑자기 어떤 사람이 다가오더니 내게 징채를 쥐어 주며 징을 쳐보라는 것이 아닌가? 나는 깜짝 놀라 손사래를 쳤다. 그때까지 한 번도 풍물 악기를 제대로 만져 본 일이 없기 때문이다. 하지만 막무가내였다. 누구나 쉽게 칠 수 있으니 한번 쳐보란다.

할수없이, 사실은 적당히 취기가 오른 나의 객기에 결국은 엉겁결에 징채를 잡았다. 꽹과리, 장구 등 치배들의 뒤를 따라다니며 연신 징을 울려댔다. 정말 흥겨웠다. 만일 이것이 서양음악이었다면 가능한 일일까? 풍물굿은 가능하다. 연주자 한 사람 한 사람의 기량이 중요한 것이 아니라 모두 한마음 되어 즐기면 그뿐이다.

상모를 돌리며 풍물굿을 하고 있다.

풍물굿은 사물놀이와 다르다

풍물이란 '소원을 푼다'는 뜻으로 풍년을 기원한다는 '풍장(풀이 장구)굿'이라고도 한다. 다만 '풍물'은 단순히 악기만을 가리키는 것을 놀이(연희)가 곁들여지고 풍농, 풍어 등의 비나리(기원)의 성격이 있으므로 '풍물굿'으로 부르는 것이 좋겠다.

흔히 풍물굿과 사물놀이를 혼동한다. 심지어 언론도 혼동해서 쓰곤 한다. 하지만 둘은 분명히 다른 것이다.

사물놀이는 꽹과리·장구·징·북의 네 가지 악기를 가지고 연주한다고 해서 붙인 이름이다. 1978년 서울 공간사랑에서 남사당패의 후예인 김덕수, 이광수 등이 최초로 사물놀이 공개무대를 연 데서 시작되었다. 풍물굿을 마당이 아닌 작은 공간에서도 쉽게 볼 수 있게 하자는 의미에서 출발한 것이다.

사물놀이는 특히 앉아서 연주하는 앉은반이며, 풍물굿에서 중요한 부분인 무동, 대포수, 스님 등이 등장하는 연희가 없다. 뿐만 아니라 이리저리 열을 지어 움직이는 진법짜기와 소고잽이가 몸을 거의 뒤로 눕다시피 하여 빙글빙글 도는 자반뒤지기, 상모 위에 달린 긴 끈을 돌리는 상모돌리기 등이 없고, 청중과 떨어져 무대 위에 앉아 연주한다. 따라서 사물놀이는 풍물굿에서 태어났지만 판놀이가 아닌 무대화한 것으로 풍물굿과는 많이 다르다.

풍물굿의 이름으로 분명히 밝혀 둘 것은 '농악(農樂)'이다. 농악은 일제 치하 때 농업 수탈정책의 하나인 장려운동으로 원각사의 협률사라는 단체에서 처음 부르기 시작했다. 농악이란 말은 '농민의 음악'이란 뜻이고, 원래 풍물굿이 농경사회에서 나온 것은 사실이지만, '농악'은 일본 탈놀이인 '능악(能樂)'을 본떠서 만든 말이라 한다. 일제는 우리 민속놀이를 말살하려고 농업 장려 목적에 한해서만 풍물굿을 허용했다.

그런데 총독부가 '농악'이란 이름으로 신청을 해야만 허락했기 때문에 굿하는 단체들이 농악이란 이름으로 공연신청을 할 수밖에 없었고, 8·15 해방 이후 많은 학자가 국악이론을 정리하는 과정에서 그대로 따라 쓴 것이다.

이밖에 풍물굿의 또 다른 이름은 김매기할 때의 풍물놀이를 풍장, 그리고 원래는 마을 단위 일공동체인 두레, 푸리굿과 살풀이 등의 뜻으로 신에게 소원을 푼다는 뜻이지만 농사의 풀밭 농사로 해석하기도 하는 풋굿, 군사훈련과 전쟁에서 군사를 내몰아칠 때 사용하는 고무, 고취한다는 뜻으로 쓰인 군몰이 있다.

또 절의 보수와 건축 기금 등을 모금하는 굿으로 가정을 방문하여 집안 신에게 굿을 해 주고 양식과 베, 돈 등을 받는 걸굿과 매귀(埋鬼), 매구라고도 하며 땅 밑에 있는 나쁜 귀신이 나오지 못하도록 묻고 밟는다는 뜻으로 보통 섣달 그믐날 밤에 하는 '매굿'도 있다.

그런가 하면 모든 지방에 걸쳐 일반적으로 쓰인 말로 '굿'이 있다. 굿의 의미는 원래 '모인다'는 뜻인데 공동체의 모든 일을 의논하고 풀어가며 공동체적 바람을 집단적으로 빌고 신명으로 끌어올려 새로운 삶의 결의를 다지는 과정을 담아내는 말이었다.

풍물굿의 종류와 풍물악기

풍물굿은 크게 웃다리풍물, 호남우도풍물, 호남좌도풍물, 영남풍물, 영동풍물로 나뉜다. 웃다리풍물은 충청도 이북을 웃다리라 하고, 전라도 아래쪽을 아랫다리라 한 말에서 유래한다.

웃다리풍물에는 안성풍물굿, 평택풍물굿, 대전풍물굿, 이천풍물굿 등이 있으며, 호남우도풍물은 이리풍물굿, 김제풍물굿, 영광풍물굿, 진도(소포)풍물굿 등이 있고, 호남좌도풍물은 진안(중평)풍물굿, 임실(필봉)풍물굿, 화순(한천)풍물굿, 여천(백초)풍물굿 등이 있다.

풍물 악기들

　또 영남풍물은 부산(아미)풍물굿, 예천(통명)풍물굿, 김천(빗내)풍물굿, 청도(차산)풍물굿, 진주풍물굿, 밀양백중놀이 등이 있고, 영동풍물은 강릉(홍제)풍물굿, 고성풍물굿 등이 있는데 이들은 각각의 특징이 있다.
　크게 둘로 나누어 좌도인 지리산 쪽 산간지방은 힘이 있고 소박하게 치는 특징이 있고, 우도인 평야지대는 농업이 발전하여 판굿이 다양하고 가락이 화려한 면이 있다. 경상도가 북을 중요하게 사용했지만 전라도는 장구를 많이 사용하여 풍물을 구성한다.
　풍물굿에 쓰이는 악기는 꽹과리 · 장구 · 징 · 북 · 소고 · 나발 · 태평소 따위가 있다. 이 가운데 꽹과리는 풍물굿을 이끄는 악기로 흔히 '쇠'라 하며 매구 · 깽매기 · 꽹매기 · 광쇠(廣釗) · 깽새기 · 소금 · 동고 · 쟁 따위로 불린다. 쇠는 놋쇠를 원료로 만드는데, 요즈음에는 금이나 은을 섞어 쓰기도 한다.

맨 앞에서 쇠를 치는 사람을 '상쇠'라 하며, 상쇠는 가락을 전 풍물패에게 전달하고 동제에서는 제관이 되기도 하고, 지신밟기를 할 때는 고사장이 되며, 판굿에서는 진풀이를 이끌어 가는 등 모든 풍물굿을 지휘한다.

징은 타악기의 하나로 원박을 정확하게 쳐주는 것이 중요하며, 사물의 가락을 모두 감싸서 멀리 울려퍼지게 한다. 풍물악기 가운데 가장 은은한 소리를 내며 포용력이 있는 악기여서 풍물굿 전체를 껴안는 소리라 할 수 있다. 서양악기의 콘트라베이스와 비슷하다. 쓰임새가 풍물굿보다는 오히려 굿음악에 더 많이 쓰인다.

장구는 양편의 머리가 크고 허리가 가늘어서 '세요고(細腰鼓)'라고도 한다. 장구의 왼쪽 궁편은 가죽이 두껍고 소리가 낮으며, 오른쪽 채편은 가죽이 얇고 높은 소리를 낸다. 장구의 통은 보통 오동나무 또는 소나무를 쓰는데 이 나무장구 말고도 바가지장구, 채바구장구, 옹기장구, 양철장구 등이 있다. 풍물굿판에서 분위기를 돋우는 데 없어서는 안 될 악기이며, 민요나 춤 장단을 칠 때는 궁편을 손으로 치기도 한다. 중국에서 전해진 당악과 옛날부터 내려오던 향악에 처음 쓰였으며, 지금은 정악, 산조, 잡가, 민요, 풍물굿, 굿음악 등 거의 쓰이지 않는 곳이 없다.

북은 구조가 간단하여 손쉽게 다룰 수 있으며, 풍물굿 악기 가운데 역사가 가장 오래되고 세계 어디에서나 볼 수 있는 악기다. 북은 다양한 가락을 연주하기보다는 박을 힘있게 짚어가면서 다른 가락을 받쳐 주는 역할을 하는데, 치는 방법에 따라 춤 위주의 외북과 가락 위주의 쌍북으로 나누어진다.

소고는 작은북으로 '법고', '버꾸', '매구북'이라 한다. 소고잽이들은 보통 상모를 쓰는데, 호남우도와 강원도에서는 고깔을 쓴다. 고깔을 쓰는 경우에는 소고잽이가 멋들어진 춤가락을 보이고, 채상모가 달린 전립을 쓰는 경우에는 힘찬 춤가락과 함께 화려한 상모돌리기 놀음을 벌인다.

나발은 원래는 군악기로 쓰였다. 전라도와 충청도에서는 쇠로 만든 것을 썼으며 '나발'이라 하고, 영남지방은 나무로 만든 것을 썼으며 '고동'이라 한다. 풍물패가 마을에 들어갈 때 신호로 나발을 세 번 분 다음 당산굿을 치고 들어간다. 또는 풍물패를 모아 출발할 때와 그 밖의 신호용으로 썼다.

나발은 잡색의 하나인 대포수나 상쇠, 설장고 중 한 사람이 부는데, 먼저 1초를 울리면 여러 곳에 흩어져 있는 치배들에게 준비하라는 뜻이고, 2초를 울리면 떠날 채비를 하라는 뜻이며, 3초를 울리면 출발하라는 뜻이다.

태평소는 원추형으로 '날라리', '새납', '호적(胡笛)'이라 부르며 서양악기의 호른(Horn) 역할을 한다. 선율 악기 가운데 성량이 가장 높으며, 지공(구멍)은 모두 8개다. 태평소는 본래 궁중의 대취타에 쓰였는데, 걸립 형태 때 들어와 풍물굿을 한층 더 풍성하게 해주었다.

임실필봉굿 누리집에 실려 있는 문찬기 씨의 〈대보름굿 참관기〉를 소개한다.

"문 열어라 외치고 가락으로 몰아대고 한다. 굼실굼실 껀득껀득

가락에 맞춰 마당에 들어선다. 신나게 때려대고 고함지르며 북적북적 놀다보니 오늘 화동을 맡은 정우가 오토바이 헬멧을 쓰고는 궁청거리며 왔다 갔다, 참 가관이다. 그러더니 두 번째 집에서는 키를 쓰고 나타난다. 세 번째 집에서는 바구니 같은 걸 쓰고… 술먹고는 얼굴 벌개서 악쓰고 춤추고 그러다가도 술상 나르고, 마당 정리하고, 치배 앞길 터주고… 부지런히도 다닌다. 나는 그런 정우가 언제나 믿음직하고 좋다."

이 글은 풍물굿의 분위기를 기막히게 표현했다. 이렇게 한바탕 푸지게 논 다음 그 동안 쌓인 스트레스를 풀지 못할 사람 뉘 있으랴.

추임새로 만들어 가는 판소리의 미학

"우는 놈은 발가락 빨리고, 똥 누는 놈 주저앉히고, 제주병에 오줌싸고, 소주병 비상 넣고, 새 망건 편자 끊고, 새 갓 보면은 땀때 띠고, 앉은뱅이는 택견, 곱사동이는 되집어 놓고, 봉사는 똥칠허고, 애밴 부인은 배를 차고…."

이것은 〈홍보가〉 가운데 포복절도할 놀부 심술부리는 대목이다. 이렇게 우리 판소리는 기막힌 해학이 있다. 하지만 판소리가 해학뿐인 것으로 안다면 그건 오산이다.

"선인(船人)들을 따라간다, 선인들을 따라간다. 끌리는 치맛자락을 거듬거듬 걷어 안고, 비같이 흐르는 눈물, 옷깃이 모두가 사무친다. 엎어지며 넘어지며, 천방지축(天方地軸) 따라갈제…."

이것은 〈심청가〉 중 심청이 뱃사람들을 따라 인당수로 가는 대목이다. 이 부분을 들으면서 오열을 삼키지 않을 사람은 없을 것이다. 그런가 하면 다음과 같은 대목도 있다.

"이리 오너라 업고 놀자. 사랑 사랑 사랑 내 사랑이야. 사랑이로구나 내 사랑이야. 이이이 내 사랑이로다. 아마도 내 사랑아 네가 무엇을 먹을랴느냐…. 저리 가거라 뒷태를 보자 이리 오너라 앞태를 보자 아장아장 걸어라 걷는 태를 보자 빵긋 웃어라 잇속을 보자 아마도 내 사랑아."

이 대목은 〈춘향가〉 중 〈사랑가〉의 일부다. 선정적인 이도령과 춘향의 사랑놀음인데 성적 농담도 예사롭게 등장한다.

"충간(忠奸)이 공립(共立)허고 정족(鼎足)이 삼분헐새 모사는 운집(雲集)이요 명장은 봉기(蜂起)로다. 북위모사(北魏謀士) 정욱(程昱) 순유(筍攸) 순문약(筍文若)이며 동오모사(東吳謀士) 노숙(魯肅) 장소(張紹) 제갈근(諸葛瑾)과 경천위지(經天緯地) 무궁조화(無窮造化) 잘긴들 아니허리."

그런가 하면 이 〈적벽가〉의 대목처럼 한문 고사성어 투성이인 경우도 있다. 이렇게 판소리는 다양한 내용으로 이루어져 있다.

판소리는 소리꾼(唱者)이 고수(북치는 사람)의 북장단에 맞춰 창(소리), 아니리(말), 너름새(몸짓)를 섞어 이야기를 엮어 가는 극적인 음악이다. 이 판소리는 넓은 마당을 놀이판으로 삼아 벌이는 판놀음에서 하는 소리로, 18세기 초에 발생했다.

판소리는 서양 성악과 다른 점이 있다. 성악은 테너, 베이스, 소프라노, 메조소프라노 등 성부로 나뉘어 각자 자기 노래만 하면 되지만 판소리는 성부의 구분 없이 혼자 다 해야 한다. 더구나 판소리 한 마당을 완창하려면 7~8시간 소리를 해야 하는데, 소리를 곱게 다듬는 것이 아니라 내지른다. 폭포소리를 이겨내고 피를 토하는 악전고투 끝에 걸걸한 소리로 변해야 제대로 득음을 했다 한다.

판소리의 유파(제)

　판소리는 전승 계보에 따라 음악적 특성이 나타나는데, 이를 '유파' 또는 '제'라 한다. 제에는 서편제(西便制)·동편제(東便制)·중고제(中高制)·강산제(岡山制)·동초제(東超制)가 있다.

　서편제는 철종 때 명창인 박유전에 의해 창시되어 광주·나주·보성·강진·해남 등지를 중심으로 이어져 왔으며, 이 지역이 전라도 서쪽에 있다 하여 서편제라 부른다. 서편제의 특징은 동편제와 대조적으로 소리의 색깔이 부드러우며 구성지고 애절한 느낌을 준다. 소리의 끝도 길게 이어지며, 부침새의 기교가 많고 슬프고 애타는 듯한 느낌을 주는 음조로 서양 음악의 단조에 가까운 계면조로 정교하게 부른다. 서편제의 창법과 잘 어울리는 창으로는 〈심청가〉를 꼽을 수 있다.

　동편제는 뱃속에서 바로 위로 뽑아내는 통성과 웅장하고 화평한 가락인 우조를 중심으로 소리를 한다. 감정을 절제하는 창법을 구사하며 소리가 웅장하고 힘이 들어 있다. 또 발성의 시작이 신중하며, 구절의 끝마침이 명확하고, 소리는 쭈욱 펴며, 계면조 가락이 별로 없다. 판소리 다섯 마당 가운데서 동편제의 창법과 가장 잘 조화되는 것은 〈적벽가〉다.

　중고제는 경기도 남부와 충청도 지역에 전승된 소리인데, 그 개념이 모호하여 동편제도 서편제도 아니라는 '비동비서(非東非西)'로 표현한다.

　강산제는 서편제를 시작한 박유전이 나중에 만든 유파로, 체계가

정연하고 범위가 넓다. 특색은 너무 애절한 것을 지양하여 점잖은 분위기로 이끌었고, 삼강오륜에 어긋나는 대목은 없애거나 고쳤는데 강산제의 대표적 판소리는 〈심청가〉다.

동초제는 김연수가 1930년대 여러 명창의 소리 중 좋은 것을 골라 짠 소리제다. 사설이 정확하고 너름새(동작)가 정교하며 부침새(장단)가 다양하다. 또 정확한 발음을 강조해 가사 전달이 확실하고 맺고 끊음이 분명하다.

판소리는 마당 분위기에 따라 조(調)를 바꾼다

'우조'는 웅장하고 화평한 느낌이 들며 〈적벽가〉 중 적벽강에 불 지르는 대목이 대표적이고, '평조'는 명랑하고 화창한 느낌으로 〈수궁가〉 중 토끼가 꾀를 부려 세상에 나오는 대목에 잘 맞다. 또 '계면조'는 슬프고 부드러운 느낌이어서 심청이 인당수에 빠지는 대목에 적절하고, '경드름'은 서울 가락이며 경쾌한 느낌으로 몽룡이 춘향을 달래는 대목이 대표적이다.

'설렁제'는 경쾌하고 씩씩하며 호탕한 느낌이 들어 〈흥보가〉 중 놀보가 제비 후리러 나가는 대목에 잘 맞고, '추천목'은 경쾌한 느낌이어서 〈수궁가〉 중 토끼가 수궁을 빠져 나와 자라에게 욕을 하는 대목에 기가 막히며, '석화제'는 평조와 비슷하여 명랑하고 화창한 느낌으로 〈수궁가〉 중 토끼가 뭍으로 다시 돌아오며 기뻐하는 대목이 대표적이다.

판소리에 쓰이는 장단은 가장 느린 진양조부터 중몰이, 중중몰

〈심청가〉를 소리하는 김성예 명창

이, 잦은몰이, 휘몰이 등으로 빨라진다. 이 장단들은 박자, 빠르기, 북치는 법이 서로 다른데, 한가하거나 여유로울 때는 진양조로 하고, 긴박한 상황에는 휘몰이 장단으로 소리를 엮어 나간다.

   판소리에는 원래 춘향가, 심청가, 홍보가, 수궁가, 적벽가, 변강쇠타령, 옹고집타령, 무숙이타령, 강릉매화타령, 장끼타령, 배비장타령, 숙영낭자타령(가짜 신선타령) 등 열두 가지가 있었다. 그러나 현재는 춘향가, 심청가, 홍보가, 수궁가, 적벽가만 불리고 있고, 나머지 맥이 끊긴 것을 박동진 명창이 여러 바탕을 복원한 바 있다.

최근에는 많은 창작판소리가 발표되기도 한다. '소리꾼 광대' 임진택은 김지하의 담시 〈오적(五賊)〉, 〈똥바다〉, 〈소리내력〉 등을 판소리로 불렀다. 또 박동진 명창은 성경을 판소리로 불렀으며, 이후 많은 창작판소리가 발표되었다.

판소리의 구성요소

판소리의 구성요소는 소리꾼, 창, 아니리, 너름새, 발림, 고수, 추임새 등이다. 이 가운데 '소리꾼'은 소리판을 이끌어 가는 주체, 창자(唱者) 또는 광대(廣大)라 한다. 소리꾼은 오른손에 부채를 들고 창과 아니리, 너름새, 발림을 섞어가며 소리를 한다.

'창'이란 판소리에서 노래로 부르는 부분을 가리킨다. 판소리는 창과 아니리를 번갈아 부른다. 창은 어떤 장면을 확대 부연하여 정서적 긴장과 감흥을 유발하는 구실을 한다.

또 '아니리'는 소리를 하는 도중에 북은 치게 놓아 두면서 말로 하는 부분을 말한다. 아니리는 시간의 흐름이나 장면의 전환 등 주로 이야기를 진행하는 구실을 하고, 특히 해학적인 대목은 아니리로 처리하는 경우가 많다. 아니리 중 노래처럼 부르는 대목도 있는데 이는 '도섭'이라 한다.

'너름새'는 판소리 창자가 소리 중에 하는 몸짓을 말한다. 소리꾼이 하는 우는 연기는 우는 흉내만 낼 뿐이다. 이처럼 비사실적이며 극도로 상징화된 방법을 사용하는 것이 연극과 다르다.

'발림'이란 판소리를 하는 도중에 춤추는 동작을 말한다. 이 발림은 거의 제자리에 서서 하는 미미한 동작으로 지나쳐서는 안 된다.

'고수(鼓手)'는 소리꾼의 소리에 장단을 맞춘다. 고수는 연출가인 동시에 지휘자로 북반주는 명창의 소리를 살리기도 하고 죽이기도 하며, 추임새를 넣어 소리꾼이 소리를 신명나게 할 수 있도록 이끈다. '북장단'은 〈적벽가〉 등에서 수많은 군사가 싸우는 장면은 북가락을 힘차고 복잡하게 쳐주고, 〈심청가〉에서 떡방아 찧는 소리를 부를 때는 떡방아 소리같이 들리게 쳐준다.

또 소리꾼의 소리가 느려진다면 고수는 약간 빨리 쳐주어 빠르게 이끌어 가고 빠르면 늦춰 주면서 속도를 조절한다. 반대로 소리꾼이 기교를 부리려고 속도를 늘일 때 북장단도 같이 늘어지기(따라치기)를 하고, 소리꾼이 잘못하여 박자를 빼먹거나 늘였을 때 얼른 이를 가늠하여 맞춰 주기도 하는데 이를 '보비위'라 한다. 이렇듯 고수는 소리꾼을 살리는 중요한 요소다. 그래서 '1고수 2명창'이라는 말도 있다.

'추임새'는 소리 도중에 고수와 청중이 하는 '얼씨구' '좋다!' '잘헌다!' '그렇지!' '아먼' 따위의 감탄사를 말하는데, 이 추임새는 민요, 잡가, 무가 등 여러 성악곡에서도 볼 수 있다. 추임새라는 말은 '추어 주다'에서 나온 것으로 '칭찬해 주다'라는 뜻을 지니고 있다.

추임새는 소리꾼과 청중의 흥을 돋우는 중요한 요소로 판소리에서는 빠질 수 없는 부분이다. 북을 치는 대신 추임새를 넣기도 하며, 상대역의 대사를 대신하기도 한다. 예를 들면 〈춘향가〉 중에 어사와 장모가 상면하는 대목을 볼 수 있다.

소리꾼 : "어디를 갔다가 인제 오는가, 이 사람아!"
고 수 : "서울 갔다 오네, 이 사람아."

부채는 판소리에서는 의미 있는 소도구로 사용된다. 오른손에 든 부채는 바람을 부치는 데 사용하기도 하지만, 편지 읽는 대목에서는 편지가 되고, 노를 젓는 대목에서는 노가 되며, 톱질하는 대목에서는 톱이 된다. 심봉사가 어린 심청이를 안고 다닐 때는 심청이기도 하는 고도의 상징성을 갖는 물건이다. 발림시에 부채를 활짝 폈다 접기도 하면서 상황을 유도하는 등 아주 다양한 용도로 쓰인다.

'청중'은 소리판의 주요 요소다. 청중과 소리꾼, 고수 사이에 공감대가 형성되므로 소리판이 완성된다. 청중도 추임새를 하는데 놀부가 흥부를 두들겨 패는 대목에서 "저런 나쁜 놈!"이란 말매(말로 때리는 매)를 놓으며 소리를 친다.

판소리는 소리를 하는 중에 청중들이 추임새로 소리꾼과 하나가 된다. 청중은 감상만 하는 사람이 아니라 처음부터 소리판을 같이 이끄는 중요한 요소라는 점이 서양 음악과 크게 다르다. 풍물굿처럼 연주자와 관객이 따로따로가 아니고 하나 되는, 즉 '대동한마당'이라는 것을 보여 준다. 이는 우리 문화의 중요한 뿌리다.

물참봉 도깨비, 그는 누구일까?

한여름엔 열대야 때문에 잠을 설치기 일쑤다. 긴 여름밤 모깃불을 놓고 옛날이야기, 도깨비이야기를 들으면서 삶은 옥수수를 먹던 어릴 적 일들이 생각난다. 나는 유달리 도깨비와 귀신이야기를 많이 들었다.

도깨비 그림을 보면 뿔이 하나 달렸다. 하지만 우리 도깨비에는 뿔이 없다. 아니 뿔이 달렸는지 어떤지 모른다. 목 위로는 보았다는 사람이 없기 때문이다.

물론 삼국시대 때부터 전해오는 기와무늬 등에는 두세 개의 뿔로 보이는 형상이 있지만, 그것은 도깨비라기보다는 치우천황이라는 주장이 많다.

대부분 도깨비 그림이나 노래에 나오는 뿔 하나 달린 도깨비는 일본 도깨비 '오니'를 우리 도깨비로 착각한 것으로 보인다. '오니'는 뿔이 하나 있고 포악하다 한다.

서양엔 핼러윈데이, 우리에겐 도깨비의 날

서양에서는 '모든 성인의 날' 바로 전날인 10월 31일에 전야제를 연다. 이것이 바로 '핼러윈데이'다. 서양 사람들은 이날 밤 죽은 사람들의 영혼이 되살아난다고 믿고 있다. 특히 미국에서는 이 날을 어린이의 잔칫날로 지내는데, 어린이들이 귀신 복장을 하고 핼러윈의 상징인 호박을 들고 다닌다.

한국에도 이와 비슷한 날이 있다. 도깨비의 날, 정월대보름 다음 날인 음력 1월 16일이다. 이 날 모여드는 도깨비들을 보면 멍석귀신, 장대귀신, 서낭신, 두두리신, 영동신, 손각시, 금잠신이 있고, 관운장, 달기귀신 같은 외래신들도 끼어 있다. 이 날은 도깨비들만의 잔치이기에 사람에겐 이로울 리가 없다. 사람들은 도깨비들의 해코지를 피해서 조심하고, 그들을 쫓아내는 '축귀(逐鬼)'도 한다. 이 날 일을 하면 귀신이 붙는다 하여 일도 나들이도 하지 않았다. 대문에 부적을 붙이고, 머리카락 타는 냄새를 귀신이 싫어한다 하여 머리카락을 태운다. 또 대나무를 태워 폭음을 내 도깨비들을 놀라게 한다.

어떤 곳에서는 집집이 부인들이 치마를 들치며 야한 춤을 추고, 장대에 여인의 속옷(속곳)을 매달고 걸어다녔다. 여자는 음의 기운을 갖고 있어서 치마를 들썩거려 음기운을 뿜어내면 도깨비들이 얼씬하지 못한다고 믿었다.

도깨비불은 무엇일까?

도깨비는 '돗+가비'의 합성어로 보며, 돗은 '불(火)'이나 '씨앗'의 의미로 풍요를 상징하는 단어이고 '가비'는 '아비'가 변한 것으로 '장물아비', '처용아비' 등에서 보듯 아버지, 즉 성인 남자로 생각할 수 있다. 따라서 '돗+가비〉도ㅅ가비〉도까비〉도깨비'로 변화되었다.

지방 사투리로는 토째비(경북 월성), 돗재비(경남 거창), 도채비(제주도, 전남 신안) 등이 있으며, 돗가비, 독갑이, 도각귀, 귀것, 망량, 영감, 물참봉, 김서방으로 불리기도 한다. 서해안에는 주로 선착장 주변에 살면서 어민들을 도와 주는 도깨비참봉, 또는 물참봉이라 불리는 도깨비들이 있다 한다. 제주도에는 집안을 지켜 주거나 물고기를 몰아다 주는 도깨비영감이 전해진다.

도깨비이야기에서 빼놓을 수 없는 것이 '도깨비불'이다. 조선 초 성현의 《용재총화》에도 도깨비불 이야기가 나온다. 하나가 여럿으로 흩어졌다 다시 합쳐진다. 빙 돌다가 위아래로 흔들리고 쫓아가면 이내 없어져 버린다. 또 여기서 꺼졌다가 다른 곳에서 켜지기도 한다.

나는 어렸을 때 도깨비불을 본 적이 있다. 우리 마을 외딴집 굴뚝 근처 지붕에 불이 붙었다. 동네 사람들이 "불이야!" 하며 불을 끄러 달려갔는데 갑자기 불이 꺼졌다. 아무도 영문을 몰랐다. 그 집 뒤에 한적한 길이 있는데 밤마다 파란 불들이 왔다 갔다 하는 것도 보았다. 모두 도깨비불이라는 것이었다. 나는 무서워서 밖에 나갈 수가 없었다.

그럼 도깨비불이란 무엇일까? 인(P) 화합물은 공기 중에서 쉽게

여러 가지 도깨비 형상들

자연발화된다. 액체로 된 인화수소는 보통 온도에서도 저절로 불이 붙는다. 사람의 시체가 썩었을 때도 인화수소가 생기는데, 이것이 무덤 주변에 도깨비불이 나타난다고 착각하는 것일 수도 있다. 시체나 식물이 썩어서 생긴 메탄이 땅속에서 솟아오르면서 자연적으로 불이 붙어 음산한 빛을 내는데, 이것을 도깨비불로 보는 사람들도 있다. 이런 경우는 동식물이 부패하기 쉬운 늪지대에서 볼 수 있다.

이 외에도 '정전기 현상'이나 '빛의 이상굴절에 의한 신기루 현

4. 모두가 하나 되는 굿거리 135

상'으로 도깨비불을 설명하기도 하지만, 아직 명확하게 입증된 바는 없다. 요즘 승용차 중에는 깜박이등을 노란색이 아닌 파란색으로 바꾸는 것을 종종 본다. 만일 이런 차가 옛날에 출현했다면 분명 도깨비불로 오인되지 않았을까?

도깨비는 귀신과 달리 매우 인간적이다

　도깨비이야기에 나오는 도깨비 모습은 사람과 비슷하나 특이한 체형이다. 우리 조상들이 생각했던 도깨비 형상은 기와무늬나 문고리 등에 남아 전해져 온다. 도깨비 전설에 나오는 형상은 '키가 팔대장 같은 넘', '커다란 엄두리 총각', '다리 밑에서 패랭이 쓴 놈', '장승만한 놈', '팔대장 같은 놈'이다. 일반적으로 도깨비는 남성이며 총각이 많다. 내가 어렸을 때 들었던 도깨비 모습은 정확하지 않았다. 그저 크다는 것 외에는 얼굴을 본 사람이 없었기에.
　도깨비의 성격은 귀신과는 달리 매우 인간적이다. 도깨비 설화를 보면 먹고 마시며 춤추고 노래 부르는 것을 좋아한다. 예쁜 여자를 좋아하고 심술을 부리기도 한다. 또 힘이 장사이고, 신통력이 있어 사람을 부자로 만들어 주거나 망하게 하기도 한다. 이렇게 신통력을 가졌음에도 우직하고 소박하여 인간의 꾀에 넘어가는 바보 같은 면도 있다.
　사람의 간교함에 복수를 하기도 하지만 되레 잘되게 도와 주는 엉뚱한 결과를 가져오기도 한다. 자신에게 해를 끼치지 않으면 절대 해치지 않는다. 이처럼 도깨비는 대체로 인간적이며 교훈적이다. 또 도깨비이야기에서는 현실에서 실현하지 못하는 사람의 욕망을 대리만족하도록 도와 준다.

도깨비는 음식 중에서 메밀묵과 수수팥떡, 막걸리를 좋아하며, 시기와 질투도 하고 멍청하기도 하다. 또 따돌림을 당하면 화를 내고 체면을 중시하는가 하면, 말피를 제일 무서워하며 언제나 배신당하거나 하여 사람을 못 당한다.

도깨비는 씨름을 즐긴다. 만나는 사람 누구에게나 씨름을 하자고 하지만 도깨비가 천하장사는 아니다. 씨름 실력은 별로이며 외다리다. 처음에는 무섭지만 정신 차리고 왼쪽 다리로 감아 넘어뜨리면 이긴다고 한다. 묘하게도 오른쪽이 아닌 왼쪽 다리다. 넘어뜨리고 나서 도깨비를 나무기둥 따위에 묶어놓고 아침에 가서 보면 빗자루, 부지깽이, 도리깨 등이 묶여 있었다 한다.

풍어제를 끝낸 칠산 어민들은 짚배를 만들어 제물과 도깨비 선원을 태워 보낸다. 망망대해로 나간 이 도깨비 선원들은 어부들의 뱃일도 도와 주고 조기떼도 몰아다 준다는 믿음을 가지는 것이다. 《삼국유사》 진평왕조에 도깨비이야기가 나오는데, 비형이라는 도깨비 두목이 하룻밤 사이에 신원사 도량에 큰 다리를 놓아 귀교(鬼橋)라는 이름이 붙었다는 대목이 나온다. 경북 청송 부남면 화장동에 가면 실제로 '도깨비다리'가 있다.

속리산에 '도깨비박사'로 불리는 조자룡 씨가 있었다. 그는 도깨비 문화에 관한 한 박사였다. 기와뿐 아니라 그림, 조각, 민담, 갖가지 유물 등 도깨비와 관련된 것들을 1천여 점 가지고 있다. 현대건축을 전공한 그는 세계적으로 나가자면 무엇보다 우리 전통을 알아야겠다 싶어 기와에 관심을 두었다가 도깨비문양기와, 즉 귀면기와를 만나게 되었다 한다. 그 후 도깨비문화에 깊은 관심을 갖게 되었다.

그는 '도깨비왕국'을 건설하면서 '헌마을운동'도 벌였다. 이것은 1970년대 새마을운동을 뒤집는 그의 역점사업 중 하나인데, 흉물스런 시멘트 문화 대신 우리 전통 의식주 양식을 되찾는 것이었다. 속리산 일대 마을마다 장승을 하나씩 세우는 등 열심히 운동을 펼치다가 그만 아쉽게도 세상을 떠났다.

도깨비는 어려운 사람들에게 대리만족을 준다

지금 새삼스럽게 도깨비이야기를 하는 까닭은 도깨비를 믿자는 것이 아니다. 바로 이 '도깨비박사' 조자룡 씨가 왜 도깨비 문화에 관심을 갖게 되었는지 우리도 한번 생각해 보면 어떨까 하는 것이다. 우리 겨레에게 도깨비는 왜 생겼으며, 어떤 의미가 있을까? 자연을 극복하는 끝없는 싸움 속에서 사람들은 비, 바람, 구름, 번개, 천둥 따위를 관장하는 신을 생각했고, 자연재해로부터 액운을 막아 주는 수호신도 필요하였을 것이다.

조선시대 실학의 대가 성호 이익은 "자연의 영기가 모여서 도깨비를 만들었다" 했다. 고구려·백제·신라 때의 귀면와(鬼面瓦)에서 생각나는 것은 도깨비의 기원이 악귀를 쫓는 벽사의례에서 시작된 것이 아닌가 한다. 기와에 도깨비무늬를 그려넣고 나쁜 귀신을 몰아내 주길 기대한 것이다. 절 문짝에 그려넣은 도깨비들도 역시 벽사를 상징한다.

또 도깨비가 조상에게 주었던 대리만족도 중요한 의미다. 서민들이 가난에서 탈출할 자신이 없자 도깨비를 내세워 대리만족 내지는 희망을 추구했던 것이 바로 도깨비이야기일 것이다.

현대에 와서 이런 귀신 쫓는 도깨비가 왜 필요할까마는 내 생활 속에 나쁜 기운이 들어오지 않도록 노력하는 자세와 희망을 품고 사는 것이야말로 우리에게 도깨비이야기가 주는 귀중한 교훈이 아닐까? 또 도깨비처럼 이웃에게 희망을 줄 수 있는 사람들이 많아지기를 기원한다. 남에게 보시하면 내게 다 돌아온다고 한다. 이웃에게 희망을 주는 사람은 결국 행복해질 테니까.

도깨비 속담

도깨비 달밤에 춤추듯 : 멋없이 거드럭거리는 꼴.

도깨비 대동강 건너듯 : 일의 진행이 눈에는 잘 안 띄나 그 결과가 빨리 나타남의 비유.

도깨비 땅 마련하듯 : 실속 없이 헛된 일만 하는 것을 가리키는 말.

도깨비를 사귀었나 : 까닭도 모르게 재산이 부쩍부쩍 늘어감.

도깨비 사귄 셈이라 : 귀찮은 자가 조금도 곁을 떠나지 않고 늘 따라다님.

도깨비 수키왓장(기왓장) 뒤지듯 : 쓸데없이 이것저것 분주하게 뒤지기만 함.

도깨비 씨나락 까먹는 소리 : 무슨 말을 하는지 도무지 알아들을 수 없는 말로 씨부렁거리는 소리.

도깨비장난 같다 : 하는 짓이 분명하지 아니하여 갈피를 잡을 수가 없음.

도깨비놀음 : 갈피를 잡을 수 없도록 이상하게 되어 가는 일.

도깨비장물 : 북한에서 부르는 술의 별명. 정신을 호리멍덩하게 하고 갈피를 잡을 수 없게 만든 물이라는 뜻이다. 중국 동포들은 '도깨비물' 또는 '도깨비 뜨물'이라 함.

소통을 위한 바른 말글생활

당신은 한글을 아시나요?
세종임금, 명나라를 따돌리고 훈민정음을 창제하다
시각장애인에게 벼슬을 준 세종, 500년 뒤를 내다보다
뜨게부부는 가시버시가 아니다
'효도해야 할 것 같아요' 란 이상한 말
'축제' 대신 '잔치', '만땅' 대신 '가득'이라 쓰세요

당신은 한글을 아시나요?

"한글을 아시나요?" 이 무슨 뚱딴지같은 소리인가? 도대체 한국 사람치고 한글을 모르는 사람이 있을까? 하지만 곰곰 생각해 보면 '한글'에 대해 잘 아는 사람이 많지 않다. 어떤 사람은 한국·사람들이 가장 많이 오해하는 것은 한글, 한국말을 잘 안다는 것이라고 꼬집는다. 초등학교부터 국어를 12년에서 16년을 배우고도 맞춤법을 제대로 모르는 것이 우리 실정이다. 뿐만 아니라 훈민정음의 특징이 무엇인지, 훈민정음이 언제 '한글'이란 이름으로 바뀌었는지, 한글날은 언제부터 지내왔는지, 아는 사람이 거의 없다. 그러니 한글에 대해 안다고 할 수 없을 것이다.

우리는 말글과 떨어져 살 수가 없다. 공기의 소중함을 모르듯 말글 속에서 그냥 살아가기에 말글의 소중함을 모르고 살아간다. 또 한글은 세계 언어학자들이 격찬하는 위대한 글자인데도 정작 우리는 그 위대함을 모르고 푸대접하며, 남의 나라 글자인 한자와 영어 쓰기에 더 골몰해 있다.

어느 대학 강사는 한국에 온 네팔 카트만두대학 교수에게 자신을 소개하면서 습관적으로 이름을 한자로 적어 주었다가 망신을 당했다 한다. 그 네팔 교수는 왜 한국 사람이면서 중국 글자로 이름을 썼느냐고 반문하면서 한국 사람이 아무리 중국 글자로 이름을 표기하더라도 중국식 발음은 한국 사람의 발음과 다르고, 그렇게 되면 고유명사인 이름을 중국 글자로 표기하는 것이 무슨 의미가 있느냐고 해서 창피를 당했다는 것이다. 여러모로 생각하게 하는 일화다.

한국 사람이면서 이렇게 한글에 대한 애정이 없어서는 안 될 일이다. 더구나 우리의 자랑스러운 글자라면서 한글이 왜 위대한지, 한글의 특성은 무엇인지를 모른다는 것은 부끄러운 일이다.

'훈민정음'은 세종임금의 백성 사랑이 만든 작품

먼저 훈민정음 머리글을 통해 창제 동기와 목적에 대해 알아보자.

國之語音 異乎中國 與文字不相流通
故愚民 有所欲言 而終不得伸其情者 多矣
予 爲此憫然 新制二十八字 欲使人人易習 便於日用耳

우리나라 말이 중국과 달라서 한자와는 서로 잘 통하지 못한다. 이런 까닭으로 어리석은 백성이 말하고 싶어도 그 뜻을 펴지 못하는 사람이 많다. 내가 이것을 가엾게 생각하여 새로 스물여덟 글자를 만드니 모든 사람들이 쉽게 익혀서 날마다 쓰는 데 편하게 하고자 한다.

이 말이 뜻하는 바는 굳이 설명할 필요도 없다. 그야말로 세종임금의 백성 사랑하는 마음이 그대로 나타나 있다. 또 그 속에는 민족의식을 깨닫고 있음이 드러난다.

그럼 이 훈민정음을 세종임금은 어떻게 창제하였을까? 세종실록에는 세종의 훈민정음 창제와 반포에 관한 극히 간단한 내용만이 들어 있다. 하지만 훈민정음 창제를 반대한 최만리의 상소문 등을 살펴보면 훈민정음 창제는 어려운 과정을 거친 것으로 짐작된다. 기록을 보면, 세종임금이 한글 창제에 밤낮으로 고생한 나머지 안질이 나서 이를 치료하려고 청주 초정에 가게 되었다. 그때 시종을 줄이고 모든 절차를 줄이며, 정무까지도 다 신하들에게 맡겼는데, 훈민정음의 연구는 요양하러 간 행재소에서까지 골몰하였다. 이렇게 각고의 노력 끝에 25년 계해 겨울에 훈민정음이 완성되었지만 곧 최만리 등의 격렬한 상소를 시작으로 반대가 크게 일어나 세종임금의 고심이 이루 말할 수 없었다.

'훈민정음'이 '한글'로 된 까닭

한글은 세종임금이 28자를 반포할 당시 훈민정음이라 불렀다. 그런데 양반 지식층에서는 이 훈민정음을 천대하여 언문(諺文), 언서(諺書), 반절, 암클, 아랫글이라 했으며, 한편에서는 가갸글, 국서, 국문, 조선글 등으로 불리면서 근대에까지 이르렀다. 그러나 개화기에 접어들어 언문이라는 이름은 '상말을 적는 상스러운 글자'라는 뜻이 담긴 사대주의에서 나온 이름이라 하여 주시경 선생이 1913년 '한

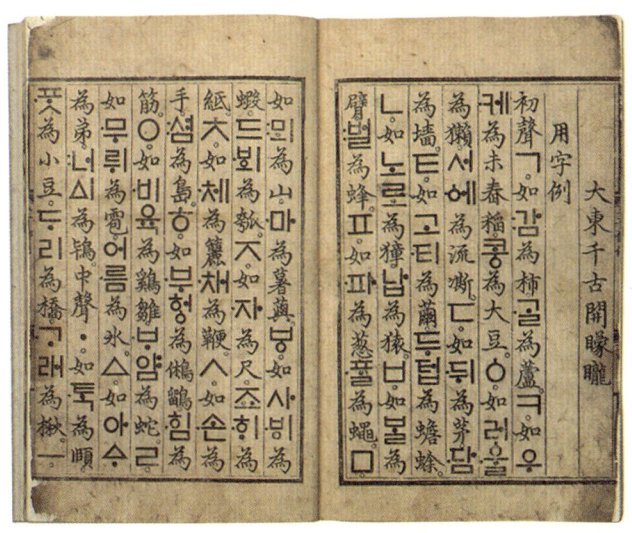

훈민정음

글'이라 고쳐 부르기 시작했다. '한글'은 '한나라의 글', '큰 글', '세상에서 으뜸가는 글' 등으로 풀이된다.

  그런가 하면 조선어학회에서 훈민정음 반포 8회갑(480년)이 되던 병인년 음력 9월 29일을 반포 기념일로 정하여 '가갸날'이라고 기리다가 1928년 '한글날'이라 고쳐 부르면서 한글날 잔치를 시작했다. 이 한글날은 해방 뒤인 1946년 한글 반포 500돌을 맞이하여 공휴일로 정해 기리게 되었다. 하지만 1991년 한글날을 공휴일에서 제외하여 일반 기념일로 지내다가 한글을 사랑하는 사람들의 끈질긴 노력 끝에 2005년 12월 8일 제256회 정기국회 본회의에서 한글날을 국경일로 지정하는 '국경일에 관한 개정 법률안'이 통과되어 다시 국경일로 지내게 되었다.

한글은 과학과 철학이 어우러진 글자

　한글은 반포 당시에는 28글자였으나 현재는 ·ㆆㅿㆁ 등 네 글자는 쓰지 않고 24자만 쓴다. 한글의 특징은 첫째, 과학과 철학이 어우러진 글자다. 즉 닿소리(자음)는 소리를 낼 때 발음기관의 모양을 본떠서 만들었다. 방사선 사진이 없었던 15세기에 어떻게 발음기관을 정확하게 파악하고 있었는지 학자들도 혀를 내두를 정도다. 또 홀소리(모음)는 하늘(·)과 땅(ㅡ)과 사람(ㅣ)을 상징하며, 여기에 한 획씩 보태어 질서정연하고 체계적인 파생법으로 글자를 만들어 나갔다.

　둘째, 독창적이다. 지구 위 모든 글자들은 오랜 세월 복잡한 변화를 거쳐 현재의 글자로 완성되었거나, 일본의 '가나'와 영어의 '알파벳'처럼 남의 글자를 흉내 내거나 빌린 것들이 대부분이다. 하지만 한글은 독창적으로 만든 글자다.

　셋째, 한글은 가장 발달한 낱소리(음소) 글자이면서 음절글자의 특징도 가지고 있다. 한글은 글자 하나하나가 낱소리(하나의 소리)를 표기하는 것은 물론 홀소리와 닿소리 음을 합치면 하나의 글자가 되고, 여기에 받침을 더해 사용하기도 하는 음절글자다. 또 한글은 한 글자에 한 가지 소리만 대응될 뿐만 아니라, 영어와는 달리 인쇄체나 필기체, 대소문자 구별이 따로 없다. 그런 까닭으로 우리나라는 세계에서 문맹률이 가장 낮다. 훈민정음 해례본에 있는 정인지의 꼬리글에 "슬기로운 사람은 아침을 마치기도 전에 깨칠 것이요, 어리석은 이라도 열흘이면 배울 수 있다"고 쓰여 있을 정도다.

　넷째, 글자를 만든 목적과 만든 사람, 만든 때가 분명하다. 20세기

초 프랑스 한림원(Academia de France)은 지구상에서 쓰이는 말이 2,796개라고 보고했는데, 이 중 100여 개만이 글자가 있다 한다. 그러나 이러한 글자들도 모두 만든 목적과 만든 사람 그리고 만든 때를 모르고 있다.

다섯째, 글자 쓰기의 폭이 넓다. 훈민정음 해례본에서 "바람소리, 학 소리, 닭 우는 소리, 개 짖는 소리까지 무엇이든지 소리 나는 대로 글자로 쓸 수 있다" 하였다. 한글 온글자 총수는 11,172자로, 세계에서 가장 많은 음을 가진 글자다.

외국 언어학자들도 극찬한 한글

유네스코에서는 한글을 인류가 발명하거나 발전시킨 세계적 기록문화유산으로 공인하였고, '세종대왕 문맹퇴치상(King Sejong Litercy Prize)'을 제정하여 해마다 세계 문맹퇴치에 공이 큰 이에게 주고 있다.

미국의 과학전문지〈디스커버리〉에서 레어드 다이어먼드라는 학자는 "한국에서 쓰는 한글은 독창성이 있고, 기호 배합 등 효율면에서 특히 돋보이는 세계에서 가장 합리적인 문자이며, 또 한글이 간결하고 우수하기 때문에 한국인의 문맹률이 세계에서 가장 낮다"고 극찬하였다.

또 소설《대지》를 쓴 펄벅은 한글이 전 세계에서 가장 단순하며 가장 훌륭한 글자라 하였고, 세종대왕을 한국의 레오나르도 다빈치라고 칭찬했다. 몇 년 전 세상을 뜬 미국 시카고대학의 세계적인 언어학자 매콜리 교수는 20여 년 동안이나 동료 언어학자와 학생들, 친지들을 초대해서 한국 음식을 차려놓고 "세계 언어학계가 한글날을 찬양하고 공휴일로 기념하는 것은 아주 당연하고 타당한 일"이라며 한글날을 기념할 정도였다.

그리고 동아시아 역사가인 하버드대학 라이샤워 교수는 저서에서 "한국인들은 전적으로 독창적이고 놀라운 음소문자를 만들었는데, 그것은 세계 어느 나라의 문자에서도 볼 수 없는 가장 과학적인 표기 체계"라고 소개했다. 또 네덜란드의 언어학자 보스 교수는 한국학 논문에서 "한글이야말로 세계에서 가장 훌륭한 문자"라고 평했다. 저명한 언어학자 영국의 샘슨 교수도 "한글이 과학적으로 볼 때 세계에서 가장 훌륭한 글자라는 것은 의심의 여지가 없다. 무엇보다도 한글은 발성기관의 소리내는 모습에 따라 체계적으로 창제된 과학적인 문자일 뿐 아니라, 더 나아가 문자 자체가 소리의 특질을 반영하고 있다" 하였다.

이 밖에도 미국 캘리포니아대학의 생리학자이며 퓨리처상 수상자인 다이아먼드 교수, 일본 도쿄 외국어대 아세아아프리카연구소장인 우메다 히로유키(梅田博之) 교수, 독일 함부르크대학에서 한국학을 강의하는 삿세 교수, 파리 동양학연구소의 파브르 교수, 미국 메릴랜드대학 언어학과 램지 교수 등 헤아릴 수 없이 많은 석학들이 한글의 우수성을 말하고 있다.

일부에서는 글자 없는 나라에 한글을 이용하여 글자를 만들어 주는 학자나 단체도 있다. 또 2007년 7월 중국 연변조선족자치주 연길에서 열린 '제12차 다중언어 정보처리 국제학술대회'에서는 윈난성에 있는 지눠족의 언어와 문화를 복원하고자 한글을 기초로 하여 글자를 만들어 주고 사라질 위기의 문화를 복원하기 위한 한국·조선·중국 공동 협력사업의 추진을 합의했다.

한글은 그야말로 세계의 저명한 언어학자들이 격찬하는 큰 글자임은 물론 글자 없는 민족에게 글자를 만들어 줄 수도 있는 대단한 언어다. 이 큰 글을 가진 우리는 미국이나 일본 등 강대국에 당당할 일이다. 제발 세종임금이 차려주신 잔칫상을 제 발로 차버리는 어리석음을 이젠 버렸으면 좋겠다. 글자가 없거나 과학적이지 못한 글자를 가진 나라 사람들에 비하면 우리는 얼마나 행복한가.

세종임금, 명나라를 따돌리고
훈민정음을 창제하다

세종임금은 명나라에 지성으로 사대했다

한 학자는 "세종임금이 명에 지성사대(至誠事大)를 했다"고 주장했다. 우리가 아는 세종은 나라를 반석 위에 올려놓은 역사상 가장 위대한 그리고 매우 자주적인 임금으로 알고 있다. 그런데 명에 지성으로 사대했다니 모두 깜짝 놀랐다. 정말 그 학자는 세종을 사대주의로 본 것인가?

지성사대로 볼 수 있는 예를 그는 여럿 들고 있다. 먼저 세종실록 1424년 9월 2일자 기록을 보면 "임금이 상복을 사흘 만에 벗지 않고 27일의 제도를 실행하다"라는 대목이 나온다. 신하들이 홍무제의 유조에 "온 세상의 신하와 백성은 3일 만에 복을 벗으라" 했다며 반대했지만, 세종은 군신의 의리를 내세워 중국 천자의 죽음에 스무이레 동안이나 상복을 입었다. 또 명은 여러 차례 수만 마리의 말을 바치라고 요구했다. 이에 국방력 약화를 우려한 신하들의 반대에도 "지금 만일 칙서를 따르지 아니하고 말의 숫자를 채우지 못한다면 오해할 우려가 있다. 조선은 예부터 예의의 나라라 하여 정성껏 사대하였다" 하며 명에 말을 보냈다. 그뿐만 아니다. 세종 14년에는 농업국가의 중요한 자산인 소 1만 마리를 달라는 명의 요구를 따르기도 했다.

단순히 이런 세종의 행적만 보면 분명히 '지성사대'임이 확실하다. 그러나 과연 세종이 명을 끔찍이 사대하여 그렇게 했을까? 물론 그 학자는 세종을 단순 사대주의자로 본 것은 아니다. 그는 지성사대의 효과로 선진문물을 수입할 수 있었고, 안보를 튼튼히 할 수 있었다고 말했다. 또 명에 복속한 여진족을 정벌할 때도 아무런 문제가 생기지 않았다는 것이다. 다시 말하면 지성사대는 어디까지나 전략적이었다는 것이다. 하지만 그것이 끝일까?

훈민정음을 창제하기 위한 비밀 프로젝트

누구나 세종임금의 가장 큰 공적을 훈민정음 창제로 보는 데 주저하지 않는다. 그것은 지금처럼 한국이 발전하는 데 한글이 지대한 공헌을 했다는 의미다. 하지만 세종이 훈민정음을 창제하는 데 어려움이 없었을까?

세종실록 26년(1444) 2월 20일자 기록에 보면 집현전 부제학 최만리 등이 언문 제작의 부당함을 아뢰는 상소를 한다.

"우리 조선은 조종 때부터 내려오면서 지성스럽게 대국(大國)을 섬기어 한결같이 중화(中華)의 제도를 따라 글을 같이 쓰고 법도를 같이 하는데도 새롭게 언문을 창제하신 것을 보고 놀랐습니다. 만일 중국

세종대왕 어진

에라도 흘러들어가서 혹시라도 비난하여 말하기라도 하면, 어찌 대국을 섬기고 중화를 사모하는 데에 부끄러움이 없사오리까."

중국을 섬기는 나라에서 감히 독자적인 글자를 만들 수 있느냐는 힐난이었다. 이런 생각은 당시 중화사상에 찌들어 있던 조선 사대부들의 철학이었을 것이다. 물론 세종도 사대주의 정치논리에 따랐겠지만, 어떤 맥락에서 어떤 식의 사대주의를 했느냐가 중요하다. 조선이 건국된 지 50여 년밖에 안 된 터여서 아직 나라의 기틀도 온전치 못한 때에 중국에게 어떤 불이익을 당할까 두려워한 까닭도 있었을 것이다. 따라서 세종은 사대주의를 상황에 따라 융통성 있게 적용하였다.

세종은 집권 기간에 훈민정음 창제를 가장 중요한 일로 생각하고 있었다. 그렇게 중대한 프로젝트를 진행하면서 최만리 등의 반대가 없었더라도 전술전략을 고려하지 않았을 까닭이 없다. 그 가운데 하나는 훈민정음 창제를 공주와 왕자 등 최측근의 도움을 받아 극비리에 진행했다. 드러내놓고 했다면 도저히 진행할 수 없는 상황으로 몰릴 수도 있었다.

그뿐만 아니라 세종은 창제하고 반포한다 하더라도 사람들이 쓰지 않으면 아무 의미가 없음을 잘 알고 있었다. 그래서 어떻게 훈민정음을 자연스럽게 정착시킬 것인가 고민했다. 소장학자로서 훈민정음 연구로 주목받은 김슬옹 박사는《조선시대 언문의 제도적 사용 연구》(2006, 한국문화사)에서 세종이 편 훈민정음 정착 과정을 다음과 같이 정리했다.

"창제(1443)—운회 번역(1444)—최만리 반대 상소 논쟁(1444)—해외학자 자문(1445)—용비어천가 실험(1445)—완성·반포(1446)—공식 문서(의금부, 승정원)로 실천(1446)—언문청 설치(1446)—문서 담당 하급관리 시험제도 시행(1446)—다음 과거부터 모든 관리 시험에 훈민정음 실시 예고(1447)—최초의 언문 산문책《석보상절》간행(1447)—세종 친제《월인천강지곡》간행(1447)—사서 번역 지시(1448)—정승 비판 언문 투서사건(1449)."

이로써 백성은 물론 사대부들도 어쩔 수 없이 쓰지 않을 수 없게 한 세종의 철저한 지략에 탄복할 뿐이다.

지성사대는 세종의 뛰어난 전략

세종은 최만리 등의 반대가 아무리 거세도 학문적으로는 아무 걱정이 없었다. 그것은 언어학에 관한 한 어느 신하도 따라올 수 없을 만큼 뛰어난 지식을 가지고 있었기 때문이다. 최만리의 격렬한 상소에 세종은 "네가 운서(韻書)를 아느냐. 사성칠음(四聲七音)에 자모(字母)가 몇이나 있느냐. 만일 내가 그 운서를 바로잡지 아니하면 누가 이를 바로잡을 것이냐"라고 일축할 정도다.

학자들에 의하면 세종은 글자를 창제하기 위한 기본적인 바탕인 음성학, 음운학, 문자학 따위에 통달했음은 물론 절대음감의 소유자였다고 한다.

세종실록 15년(1433) 1월 1일의 기록에는 다음과 같은 내용이 나온다.

"중국의 경(磬)은 소리가 어울리지도 모이지도 아니하는데 지금 만든 경(磬)은 옳게 만들어진 것 같다. 이런 경석(磬石)을 얻는 것은 다행스러운데, 지금 그 소리를 들으니 매우 맑고 아름다운 것은 물론 율(律)을 만들어 음(音)을 비교할 수 있기에 매우 기쁘다. 다만, 이칙(夷則) 1매(枚)의 소리가 약간 높은 것은 무엇 때문인가?"

세종은 박연(朴堧)에게 국악의 기본음, 곧 황종(黃鍾, 서양의 12음의 기본인 C음)을 내는 황종 율관(律管)을 새로 만들어 설날 아침 회례음악에 연주하게 했다. 그런데 연주를 마치자 세종은 동양음악 십이율(十二律) 가운데 아홉째 음인 이칙 하나가 다른 소리가 난다고 지적한 것이다. 이는 먹이 덜 마른 데가 있었기 때문이다. 회례연에 참석한 누구도 알지 못했지만 세종임금은 이를 확인한 절대음감의 소유자였다. 만일 그런 바탕이 없었다면 최만리 등의 반대를 극복하기 어려웠을 것이다.

하지만 문제는 명나라였다. 나라의 바탕이 아직 튼튼하지 못한 때에 명이 문자 창제를 빌미로 시비를 걸어온다면 나라가 흔들릴 수도 있는 중대한 사안이다. 여기에 세종은 많은 고민을 했을 것으로 보인다. 실제 "밤 2경이 넘었는데 임금이 오히려 잠을 자지 못한다"라는 기록이 있을 정도로 세종은 생각하고 또 생각했으며, 그래서 명의 요구를 철저히 따랐음은 물론 앞장서서 지성으로 섬기는 모습을 보인 것이다.

훈민정음 연구자들에 따르면, 훈민정음 창제 이후 그에 관한 명의 반응을 기록에서 찾을 수 없다 한다. 그것은 세종의 전략이 주효했을 가능성이 크다. 물론 다른 문자처럼 오랑캐들의 것이라 하여 무시했을 수도 있지만 세종이 지성으로 사대하는 모습에 전혀 의심을 하지 않았을 것이기 때문이다. 다른 여러 가지 지성사대의 효과들은 훈민정음을 무사히 창제하고 반포하는 데 시비를 받지 않았다는 것에는 필적할 것이 아니다.

세종임금은 우리에게 많은 것을 주고 갔음은 물론 현대인에게 큰 가르침을 주고 있다. 힘 있는 자와 어깨를 나란히 하려면 보이지 않는 전술전략을 슬기롭게 활용하라고 말이다.

시각장애인에게 벼슬을 준 세종,
500년 뒤를 내다보다

세종임금, 언어학·과학·음악을 아우른 천재

우리 역사상 가장 위대한 인물로 인정받는 세종임금이 언제 어디서 태어났는지 아는 사람은 별로 없다. 스승의 날이 언제인지 모르는 사람은 없지만 정작 그 스승의 날이 세종임금 탄신을 생각하여 만든 날임을 아는 사람은 많지 않다. 5월 15일은 바로 세종임금 탄생일이다.

세종임금은 태조 6년(1397) 5월 15일 현재 서울 종로구 통인동 137번지 준수방(俊秀坊)에서 조선 3대 임금 태종의 셋째아들로 태어났다. 준수방은 경복궁 서쪽문(영추문) 맞은편 의통방 뒤를 흐르는 개울 건너편인데, 청운동을 흘러내리는 한줄기 맑은 물과 옥인동으로 내려오는 인왕산 골짜기의 깨끗한 물줄기가 합치는 곳이다. 하지만 지금 그 자리엔 작은 비석만 하나 덩그러니 있을 뿐이다. 어느 날 보니 작은 비석 위에 커피를 마신 일회용 종이컵이 올려져 있었다.

570년 만에 복원된 자격루

절대군주, 세종임금의 끔찍한 백성사랑

우리의 위대한 임금, 세종의 업적은 세계 최고의 글자인 훈민정음 창제 말고도 한둘이 아니다. 세종임금은 학문 창달, 과학 진흥, 외치와 국방, 음악 정리 등 뛰어난 업적을 남겼다. 세종임금은 이러한 위대한 업적을 세웠을 뿐 아니라 봉건왕조시대의 절대군주이면서 백성을 끔찍이 사랑한 임금이었다.

동아시아 농업국가에서 천체현상을 관찰하여 백성에게 때를 알려 주는 일, 곧 '관상수시(觀象授時)'는 임금의 가장 중요한 의무와 권리의 하나였다. 이에 따라 세종은 하늘과 땅을 연결하는 중재자로서 하늘의 시간을 땅으로 가져와 백성에게 알려 주고자 천문을 관측하고, 해시계와 물시계, 역서(曆書)를 만들어 반포하였다.

그리고 강녕전 서쪽에 흠경각을 짓고, 그 안에 시각과 사계절을 나타내는 옥루기륜(玉漏機輪)을 설치했다. 흠경이란 말은 바로 이 '관상수시'를 실천하는 집이란 뜻이다. 세종은 흠경각을 편전인 천추전 가까이 짓고, 수시로 드나들며 천체의 운행을 관찰하여 농사지을 때를 알아 백성에게 알려 주고, 하늘의 차고 비는 이치를 깨달아 왕도정치의 본보기로 삼았다. 또 세종은 흠경각루에 갖추어 놓은 춘하추동의 풍경과 7달 농사짓는 모습을 보며 백성 사랑과 농사의 중요성을 늘 되새겼다.

또 이때 표준시계인 '자격루'를 만들었다. 물론 자격루는 장영실이 만든 것이지만 이는 세종임금의 백성 사랑이 만들어 낸 것이다. 그때는 지금처럼 시계가 없어 해시계 등으로 시간을 측정하여 파루와 인정을 침으로써 성문을 열고 닫는 등 온 나라의 생활을 이끌던 시대다. 그런데 파루 치는 군사는 종종 일에 지쳐서 졸다가 시간을 놓쳐 버렸으며 그래서 매를 맞는 경우가 자주 있었다고 한다. 파루 치는 군사가 졸면 온 나라의 일상이 틀어지기에 막중한 일이었지만 격무에 시달리는 군사에게는 어쩔 수 없는 일이었다. 이에 세종임금은 파루를 치는 군사들을 매로 다스리는 것이 옳지 않음을 깨닫고 이 어려움을 없애 주려고 장영실 등을 시켜 자명종 시계, 즉 자격루를 만들게 한 것이다.

세종임금의 인품을 볼 수 있는 일화는 이것뿐이 아니다. 일식을 하늘의 경고라 보고 구식례를 행하려다 중국에 맞춘 예보가 1각이 늦어 예보관이 장형을 맞자 예보관의 잘못이 아니라고 생각한 세종이 오목해시계, 혼천의 등 천문기구들과 시계를 만들도록 했다.

한 가지 더 있다. 세종 18년(1436) 10월 5일에는 시각장애인 지화에게 종3품 벼슬을 주었고, 시각장애인을 위한 관청인 명통사에 쌀과 콩을 주어 시각장애인을 지원한 기록도 있다. 물론 장영실도 관노였지만 세종이 정4품 호군까지 올려놓았다. 이런 성품을 지녔기에 세종임금은 안질에 걸려가면서도 백성을 위해 훈민정음을 창제한 것이리라.

훈민정음 창제에 관한 오해

훈민정음은 분명히 세종임금의 작품이다. 하지만 훈민정음 창제에 대한 오해 또는 다른 주장들이 있다.

특히 그 동안 잘못 알려진 오해는 훈민정음 창제가 세종임금의 지시에 의한 집현전 학자들의 공동작품이라는 것이다. 하지만 당시 최만리를 비롯한 대부분의 집현전 학자들과 사대부들의 반대 때문에 드러내놓고 창제할 수 없었고, 또 훈민정음을 창제할 만큼 성운학에 능통한 사람이 없었다. 그래서 세종임금은 직접 창제할 수밖에 없었으며, 훗날 문종이 되는 세자, 수양대군, 안평대군, 둘째딸 정의공주 등 자식들의 도움으로 훈민정음 28자를 만들었다. 특히 정의공주의 시댁 죽산안씨 족보에 보면 "한글의 변음과 토착(사투리로 추측)을 세종임금이 대군들에게 풀라고 하니 대군들이 못 풀자 세종이 정의공주에게 하명하였는데 정의공주가 변음과 토착을 풀어 올려 세종이 극찬하시고 상으로 노비 수백 구를 하사하셨다"는 기록이 있다. 이렇게 훈민정음 창제에는 여성인 정의공주가 다른 왕자들보다 더 큰 몫을 해냈다.

물론 정인지 등 일부 집현전 학자들의 도움이 있었던 것은 사실이다. 그러나 그 도움은 창제 이후 훈민정음을 정착시키려는 것일 뿐이다.

일부에서는 훈민정음이 독창적인 것이 아니라 단군 3세 가륵임금 때인 기원전 2181년에 정음 38자를 만들어 '가림토(加臨土)' 문자라고 발표한 것을 세종임금이 표절한 거라고 주장하기도 한다. 또 어떤 이는 세종임금 당시 신미대사의 작품이라고 주장하는 사람도 있다. 하지만 이들 주장은 단순한 주장일 뿐 학문적인 실증이 없으며, 당시 중국의 성운학 등 언어에 관한 지식에 통달한 세종임금이 산스크리트어 등 참고하여 만든 창작품이라는 것이 학계 공통적인 이야기다.

오해는 이것뿐이 아니다. 훈민정음은 언문이라 하여 조선시대 양반이나 지배층들은 철저히 무시하고, 여성이나 피지배 계층에 의해 발달해 왔다. 그러나 조선왕조실록을 통해 조선시대 한글 어문정책을 연구해 온 김슬옹 교수는 이에 대해 전혀 다른 주장을 펼친다. 그는 "조선시대 언문 창제 이후 언문은 국가가 제정한 다중 공용문자 중의 하나였다" 한다. 언문은 전체적으로 보면 한문보다 공용문자로서의 비중은 작았지만 교화정책과 실용정책 측면에서는 한문과는 비교가 안 되는 비중을 지닌 공식문자였다는 것이다.

이는 언문이 단지 한문의 보조 차원 문자라기보다는 한문과는 쓰임이 다른 문자라는 말이다. 대비, 중전 등은 언문을 썼고, 이들이 직접 교지를 내리면 신하들은 교지를 받들려면 언문을 배울 수밖에 없었으며, 백성을 상대로 교화하기 위한 문서나 책들은 철저히 언문으로 썼기에 자연 언문을 무시할 수 없었다는 그의 주장은 설득력이 있다.

또 쉬운 훈민정음은 백성이 좋아할 수밖에 없었고, 반포한 지 3년 밖에 안 된 세종 31년(1449)의 기록에 "어떤 사람이 하정승을 비난하는 언문 글을 벽 위에 쓰다"라는 내용이 있는 것을 보면 3년 만에 백성 가운데 익명서를 쓸 정도로 언문이 상당히 퍼졌음을 말해 주고 있다.

세종임금은 정보기술(IT) 대왕

현대는 그야말로 정보기술이 지배하는 세상이다. 그리고 작은 나라 한국이 정보기술로 세계에 우뚝 서 있다. 그 까닭은 무엇일까? 어떤 글에 IT대왕이란 말이 나왔다. 이는 빌 게이츠 등 IT 산업과 관련해 '떼부자'가 된 사람들 또는 세계저인 IT기업 대표자를 이르는 말이 아니다. IT대왕이란 바로 세종임금을 가리키는 것이다. 세종임금이 후손들의 인터넷 사용을 염두에 두고 한글을 만든 것은 아니지만 결과적으로 우리나라가 IT 강국이 된 데에는 한글이 엄청난 이바지를 했다는 것이다. 그 증거로 휴대전화와 컴퓨터 자판에 알파벳보다 한글이 훨씬 적합하다는 것이다.

어떤 방식이든 간에 알파벳 자판과 비교할 때 그 운용체계가 훨씬 합리적이라는 것인데, 예를 들면 '널 사랑해'와 'I love you'를 비교해 봐도 금방 드러난다. 자모음의 자소 자체는 한글은 10자지만, 영어는 8자로 두 자가 적다. 그러나 실제 자판을 누르는 횟수는 한글은 18번, 알파벳은 커서를 옆으로 옮기는 것 말고도 26번이다.

그뿐만이 아니라 컴퓨터에서 한글 자판 왼쪽은 자음, 오른쪽은 모음으로 확연히 갈라져 배우기 쉽고 치기 쉽다. 이에 비해 영어는 모음 글쇠 위치가 일정한 원칙이 없고 실제 칠 때도 'read'의 경우와 같이 오로지 왼손으로만 치는 일도 있다. 이 때문에 영문 자판을 쓰면 한글로 쓸 때보다 컴퓨터증후군, 곧 어깨 결리는 일이 잦다는 것이다.

심지어 중국에 들어간 한국의 안마태 신부는 2007년 한글로 중국어 자판(안음 3.0)을 만들어 호평을 받고 있다. 알파벳을 써서 변환하는 기존 방식보다 입력 속도가 월등히 빠르다 하여 중국 표준으로 정하자는 말이 있었다 한다.

이런 것들을 종합해 보면 세종임금이 한글을 창제한 것은 작은 나라 한국을 정보기술의 강국으로 올려놓은 결과를 낳았으며, 이 어려운 시기를 극복하는 엄청난 원동력이 되었음이 분명하다.

어느 나라든 위인이 탄생한 곳은 어김없이 생가터가 복원되고 기념관을 만든다. 그런데 우리나라 최고 위인인 세종임금의 생가터는 팽개쳐져 있다가 다행히 지금 세종대왕 생가 제모습 찾기 운동이 추진되고 있다. 이제라도 우리에게 커다란 선물을 주신 세종임금을 제대로 기려야 할 것이다.

뜨게부부는 가시버시가 아니다

소설은 그 시대의 현실 언어를 가장 잘 반영한다. 국립국어원에서 1990년대 현대소설을 대상으로 토박이말과 한자어를 조사한 적이 있다. 50위 안에 든 한자말은 33위에 '여자'란 한 낱말이고, 100위 안에도 여덟 단어 정도다. 이것은 사전에 실린 한자어가 우리말 전체 70%나 된다고 하지만, 실제 생활에서 차지하는 비중은 뜻밖에 낮음을 말해 준다. 소설에서 그렇다면 입말에서는 더더욱 그렇다고 보아야 한다. 얼마든지 토박이말을 활용해서 좋은 말글살이를 할 수 있다. 또 그렇게 하는 것이 세종임금의 정신을 올바로 계승하는 것이다.

자연의 아름다움과 관련된 토박이말들

봄에는 온갖 아름다운 꽃―매화, 진달래, 철쭉, 산수유 천지다. 그 때 어떤 사람은 꽃의 아름다움이나 향기에 취하여 어지럼증을 느끼는데 이를 '꽃멀미'라 하고, '꽃보라'가 인다고도 한다.

여름날 더위가 극성을 부릴 때 시원한 바람 한 줄기는 고맙기까지 하다. 이 바람이 불어오는 방향에 따라 붙인 이름을 보면 샛바람(동풍), 하늬바람(서풍), 맞바람(마파람,;남풍), 높바람(뒷바람, 북풍) 따위가 있다. 또 바람은 국제적으로 통용되는 바람의 세기(보퍼트 13등급)가 있는데, 기상청은 이 등급에 맞춰 우리말 이름을 붙여 놓았다. 연기가 똑바로 올라가 바람이 거의 없는 상태(풍속 초당 0~0.2미터)는 고요, 풍향계에는 기록되지 않지만 연기가 날리는 모양으로 보아 알 수 있는 실바람(0.3~1.5미터)부터 남실바람, 들바람, 건들바람, 된바람, 센바람, 큰바람, 큰센바람, 노대바람, 왕바람이 있으며, 지상 10미터 높이의 풍속이 초속 32.7미터 이상으로 땅의 모든 것을 쓸어갈 만큼 피해가 아주 큰 것을 싹쓸바람이라 한다.

또 여름에는 한바탕 소나기가 내리거나 비가 개고 나서 바람이 불고 시원해지는 '버거스렁이'를 기다린다. 하지만 '무더기비'는 되지 말아야 한다. 봄에는 가랑비, 보슬비, 이슬비가 오고, 여름에 비가 내리면 일을 못하고 잠만 잔다는 '잠비', 가을에 비가 내리면 떡을 해먹는다고 '떡비', 겨우 먼지나 날리지 않을 정도로 찔끔 내리는 '먼지잼', 모종하기에 알맞게 오는 '모종비'가 있다. 여기에 모낼 무렵에 한목 오는 '목비', 비가 오기 시작할 때 떨어지는 '비꽃', 볕이 난 날 잠깐 뿌리는 '여우비', 아직 비가 올 기미는 있지만 한창 내리다 잠깐 그친 '웃비' 따위가 있다. 그리고 세차게 내리는 비는 달구비, 무더기비(폭우, 집중호우), 자드락비, 채찍비, 날비, 발비, 억수 등이 있다.

부채는 여름철을 시원하게 나기 위한 도구이기에 가을에는 쓸모가 없다. 그래서 철이 지나 쓸모없이 된 물건을 '가을부채'라 한다. 사자성어 하로동선(夏爐冬扇), 곧 '여름화로 겨울부채'와 같은 말이다.

가을 하늘 아득히 높은 곳에 '새털구름'이 있다. 그런가 하면 높은 하늘에 생겨서 햇무리나 달무리를 이루는 '위턱구름'도 있고, 또 여러 가지 빛을 띤 아름다운 '꽃구름', 외따로 떨어져 산봉우리의 꼭대기에 걸린 삿갓모양의 '삿갓구름', 바람에 밀려 지나가는 '열구름', 밑은 평평하고 꼭대기는 둥글어서 솜뭉치처럼 뭉실뭉실한 '뭉게구름'도 보인다.

물고기 비늘 모양으로 하늘 높이 열을 지어 널리 퍼져 있는 '비늘구름', 실 같은 '실구름'도 있으며, 또 비를 머금은 '거먹구름'과 '매지구름', 한 떼의 비구름은 '비무리', 비행기나 산꼭대기 등 높은 곳에서 보이는, 눈 아래에 넓게 깔린 '구름바다', 길게 퍼져 있거나 뻗어 있는 구름 덩어리인 '구름발' 등도 있다. 구름은 아니지만 골짜기에 끼는 '골안개', 산 중턱을 에돌리 낀 '허리안개'도 볼 수 있다.

한겨울에는 눈과 함께 찬바람이 몰아치는 눈설레가 있고, 몰아치는 바람에 흩날리는 눈발, 즉 '눈보라'가 있으며, 소나기와 대비되는 폭설은 '소나기눈'이라 한다. 그런가 하면 밤새 몰래 내린 눈은 '도둑눈', 조금씩 잘게 부서져 내리는 눈은 가랑비처럼 '가랑눈', 거의 한 길이나 될 만큼 엄청나게 많이 쌓인 눈은 '길눈', 물기를 머금어 척척 들러붙는 눈송이는 '떡눈'이다. 또 얇게 내리는 눈은 '실눈', 눈이 오고 나서 아직 아무도 지나지 않은 상태의 눈은 숫총각, 숫처녀처럼 '숫눈', 발자국이 겨우 날 만큼 조금 온 눈은 '자국눈',

초겨울에 들어서 약간 내린 눈은 '풋눈'이라 한다. 눈도 비에 못지 않게 아름다운 이름이 많다.

'뜨게부부'는 '가시버시'가 아니다

정식으로 결혼하지 않고 우연히 만나서 어울려 사는 남녀, 즉 동거하는 남녀를 '뜨게부부'라 하는데 '뜨게'는 '흉내 내어 그와 똑같게 하다'라는 뜻이다. 따라서 '뜨게부부'는 '가시버시'가 아니다. '가시버시'는 부부를 낮추어 부르는 말인데, 결혼 청첩장 등에 '저희 부부는…'라는 말을 쓰기보다는 '저희 가시버시는…'라는 말을 쓰면 더 멋지지 않을까?

사람 관계를 이르는 말로 남진아비, 자치동갑, 풋낯, 너나들이, 옴살 따위가 있다. 남진아비는 유부남, 남진어미는 유부녀를 말하고, 자치동갑은 나이 차가 조금 나지만 서로 친구처럼 지내는 사이를 뜻한다. 또 풋낯은 서로 겨우 낯을 아는 정도이고, 너나들이는 서로 '너', '나' 하고 부르며 터놓고 허물없이 지내는 사이, 옴살은 마치 한몸같이 친하고 가까운 사이를 말한다. 벗도 이렇게 차이가 있다.

'고드름장아찌'라는 말도 있는데 말과 행동이 싱거운 사람이다. 장아찌는 간장에 절이거나 담근 것인데 고드름을 간장에 절였다는 것으로 비유하여 맹물 같은 사람을 가리키는 것이다. 그런가 하면 '검정새치'는 새치이면서 마치 검은 머리카락인 척하는 것처럼 같은 편인 체하면서 남의 염탐꾼 노릇을 하는 사람, 즉 간첩을 말한다. 또 '윤똑똑이'란 말이 있는데 음력의 윤달처럼 가짜로 만들어진 것을 빗댄 것으로 저 혼자만 잘난 체하는 사람을 홀하게 이르는 말이다. '치마양반'도 있는데 이는 출신이나 능력이 별로인 남자가 지체 높은 집안과 혼인하여 덩달아 행세하는 사람이고, 담배를 지나치게 피우는 골초는 '용고뚜리', '철록어미', 후원자는 '벗바리', 거리낌 없이 상말을 마구 하는 입이 더러운 사람은 '사복개천'이라 한다.

우리 토박이말에 '뉘'란 말은 다섯 가지가 있다. '누구'의 준말이 '뉘'며, 살아가는 한 세상을 뜻하기도 한다. 또 '뉘누리'의 준말로 소용돌이를 하며 자손에게 받는 덕을 말하는데 '뉘를 보다'라고 쓴다. 그런가 하면 방아를 찧은 쌀 속에 섞인 겨가 벗겨지지 아니한 벼알갱이를 뜻하는 말도 된다. 〈조선가요집〉 중 "아가 아가 새아가야 / 밥에 '뉘'도 너무 많다 / 밥에 '뉘'를 '뉘'라 합나"라는 '시집살이'라는 노래도 있다. 쌀 속에도 '뉘'가 있지만 사람들 속에도 '뉘'가 있나. 그런데 그 '뉘'를 우리는 잘 가려내지 못한다. 그것은 검정새치로 숨어 있기 때문이다. 그래서 '뉘'는 쌀만이 아닌 세상 속에서도 가려내야 할 것이며, 또 혹시 내가 세상의 '뉘'는 아닌지 돌아본다.

또 토박이말에 '껄떡쇠'가 있는데 이는 '먹을 것을 몹시 탐하는 사람'이다. 또 잔소리를 귀찮게 늘어놓는 사람이나 바가지를 자주 긁어대는 여자는 '긁쟁이'고, 근심거리가 되는 일 또는 사람을 '근심가마리'라 한다. 요즘 세력 있는 사람의 주위에서 총기를 어지럽히는 사람이 많은데 그를 '해가림'이라 부르면 좋겠다. 이런 사람은 더불어 사는 세상에 '근심가마리'다. 우리 모두 겉으로 드러내지 않고 공을 세우는 사람 '굄돌'이면 좋겠다. 또 곰과 같이 순하고 듬직

한 사람, 즉 '곰손이'도 괜찮지 않을까?

　그런가 하면 삶의 꽃등(절정)을 맞은 나이가 지긋한 분들이 품위를 지키지 못하고 젊은이들이 눈살을 찌푸리게 할 때도 있다. 그 가운데 하나가 '곧은목성질'인데 융통성없이 외곬으로만 나아가는 성질을 말하며, 그런 사람이 하는 말은 듣기에 매우 거북한데 그럴 때 하는 말이 '귀 거칠다'이다.

　또 말을 함부로 하여 남의 심사를 뒤틀리게 하는 것을 '글컹거리다'라 한다. 나이 먹을수록 '곤쇠아비'가 되지 않도록 해야 하는데 나이는 많아도 실없고 쓰잘 데 없는 사람은 '곤쇠아비'다. 나이 들면서 오히려 젊은이들이 '곰살갑다(곰살궂다, 곰살맞다)'고 하는 사람이 되면 얼마나 좋을까? '곰살갑다'는 상냥하고 부드럽고 속 너름을 말하는 것이다.

　세상에는 '말살에 쇠살'도 있다. '말살에 쇠살'은 푸줏간에 고기를 사러 갔는데 벌건 말고기를 쇠고기라고 내놓는 것을 말한다. 누가 보아도 가짜여서 따지면 주인은 쇠고기라고 벅벅 우긴다. 번연히 사실이 아닌 것을 사실이라고 우기거나 논리적으로 맞지 않는 말을 할 때 쓰는 말이다. 가끔 방송 토론을 보면 이렇게 '말살에 쇠살'이라고 주장하는 사람이 있다.

　또 '솔개그늘'이라는 말은 솔개가 날 때 땅에 생기는 작은 그림자처럼 아주 작게 지는 구름의 그늘을 말한다. 뙤약볕이 내리쬐는 여름날, 들판에서 땀을 뻘뻘 흘리며 일을 하다 보면 솔개그늘이라도 정말 고마울 때가 있다. 나부터 남에게 솔개그늘이라도 되어 보면 좋겠다.

임금이 먹는 밥은 수라, 하인이 먹으면 입시

토박이말로 보면 밥에도 등급이 있다. 임금이 드시면 '수라', 어른이 드시면 '진지', 보통 사람이 먹으면 '밥', 하인이 먹으면 '입시, 죽은 사람에게 제사지내는 밥은 '젯메'다. 밥도 수라가 되면 영광스럽고, 입시가 되면 천해질까? 예전 농부들은 그릇 위까지 수북이 담은 '감투밥'을 먹었는데 고봉밥이라고도 한다. 하인이나 가난한 사람들은 소금으로 반찬을 차린 '소금엣밥', 국이나 반찬도 없이 강다짐으로 먹는 '강밥'도 먹는다. 그런가 하면 세상에는 마땅한 값을 치르지 않거나 당연히 할 일을 하지 않고 먹는 '공밥'도 있고, 속에 반찬감을 넣어 손에 들고 먹을 수 있게 쐐기를 지은 '쐐기밥'이 있는데 김밥이나 햄버거가 바로 '쐐기밥'이지 싶다.

임금이 먹는 수라상

어떤 사람은 '모델하우스'를 '구경하는 집', '마일리지(적립금)'를 '콩고물점수', '이벤트'는 '잔치마당', '패션쇼'는 '선보이기' 등으로 쓰고 있다. 신선하고 바람직한 모습이다. 또 '촌지(寸志)'를 '꾹돈', '셀프서비스'를 '손수', '대질(對質)'을 '무릎맞춤'이라 하면 어떨까. 로드맵, 코드 등 외래어를 쓰면 유식한 듯 착각하고, 일본말찌꺼기인 곤색, 닭도리탕을 버젓이 쓰며, 어려운 한자말을 남용할 때 우리 말글살이는 병들어 간다.

한자말이나 영어를 쓰지 말자는 것이 아니다. 쓸데없이 써서 잘난 체하려 들지 말고, 아름다운 우리 토박이말을 살려 쓰는 것이야말로 우리 스스로 세계에 당당한 일이다. 중국에 대한 사대사상으로 찌든 벼슬아치들 세상이었을 때 백성을 사랑하는 마음과 자주정신으로 훈민정음을 창제하고 반포하신 세종임금께 부끄럽지 않은 후손이 되면 좋겠다.

'효도해야 할 것 같아요'란 이상한 말

말과 글은 남과의 소통이다. 적당한 말을 써서 내 뜻을 정확히 전달하는 것이야말로 사회생활을 올바로 하는 일이다. 하지만 방송이나 주변의 말글생활을 보면 소통에 상관없이 아무렇게나 말글생활을 한다는 느낌이 들어 안타깝기만 하다.

어떤 책의 시은이는 "아이들이 이젠 스스로 하는 것 같아요"라는 말을 한다. 그래서 "'~같아요'는 잘못된 말 아닌가요?"라고 물었더니 "제가 논술교사여서 학부모들에게 '~같아요'라는 말투를 쓰지 말라고 하면서도 제가 써버렸네요. 조심하겠습니다"라고 말했다. 그런가 하면 어떤 사람은 텔레비전에 출연해서 "부모님께 효도해야 할 것 같아요"라고 한다. 역시 잘못된 말이다. 부모님께 효도하는 것이 당연한 일인데 '~같아요'를 쓰는 것이 어찌 올바른 말이 될 수 있을까? 자신의 뜻을 분명히 하지 않고 나중에 책임을 회피하는 태도일 뿐이다. 더구나 능동형인 '효도해야 할'로 할 것을 입음꼴(피동)인 '될'을 쓰는 것도 잘못이다. 이에 한 국어학자는 겸손어법이니

허용해도 괜찮지 않겠느냐고 한다. 물론 그 얘기도 잘못된 주장은 아니지만 언어규정을 느슨하게 적용하기 시작하면 말글이 엉뚱한 모습으로 왜곡될 것이기에 엄격해야 한다.

또 방송을 보거나 주변 사람과 이야기하다 보면 '너무 고맙다'라는 이상한 말을 자주 듣는다. '너무'를 국어사전에서 찾아보면 "한계가 정도에 지나게, 분에 넘게"라 풀이되어 있고 "할 일이~많다/~걱정하지 마세요" 등의 예문이 보인다. "적이 너무 많다", "정치꾼들을 너무 미워하지 마세요"라고 쓸 수도 있을 것이다. 곧 '너무'는 부정을 뜻하는 부사로 '고맙다'라는 말 앞에는 올 수가 없다. 달리 말하면 '너무 고맙다'라거나 '너무 예쁘다'라고 쓰면 자칫 비아냥거리는 소리로 들릴 수도 있다. 그런데도 이렇게 말하는 것을 아무도 지적하지 않는다. 참 안타까운 일이다. 제발 '너무'가 아닌 '정말'로 바꿔 '정말 고맙다', '정말 예쁘다'라고 해야 한다.

여기에 한 술 더 떠서 이름씨(명사)에 '적'자를 붙이는 일도 흔하다. 어떤 연예인은 "마음적으로 괴로웠다"고 말한다. '~적(的)'은 '그 성격을 띠는', '그에 관계된', '그 상태로 된'을 뜻하는 한자어 뒷가지(접미사)로 한자어 이름씨 다음에 '적'을 써서 표현하는 말이다. 따라서 우리말 다음에 한자어 뒷가지 '적'을 쓴 것은 잘못된 말이다. 여기서 한자어라 해서 '적'을 덧붙이는 것은 역시 우리말다운 표현은 아니며, 우리말 토씨로 쓰면 되는 것이니 '적'을 함부로 써서는 안 된다. 예를 들면 '전국적으로 맑은 날씨'는 '전국에' 또는 '전국에 걸쳐'로, '정신적 고통'은 '정신의, 마음의'로, '연속적으로'는 '연속해서, 연속, 잇따라'로 써야 한다.

아무렇지 않게 쓰는 국적불명의 외국어들

그뿐이 아니다. 국적불명의 외국어가 마구 쓰인다. 방송 출연자들이 '파이팅!' 하고 외치는 것을 본다. 그들은 운동경기도 아니고 한국에 와서 사는 외국인이 한글을 알아맞히는 프로그램에서 '파이팅'을 외친 것이다. '파이팅'이 무슨 말인가? 국립국어원 최용기 국어진흥부장은 "파이팅(fighting)이란 말은 영어권에서 호전적인 뜻으로 '싸우자' '맞장뜨자'는 정도의 뜻만 있을 뿐이며, '어려움을 무릅쓰고 계속하자'는 뜻으로는 속어로 '킵 잇 업(keep it up)'을 쓰고 있다"한다. 다시 말해 '파이팅'은 출처를 모르는 가짜 영어라는 말이다. 또 이 말을 '화이팅'이라고 소리내는 사람도 적지 않은데, 이것은 '외래어 표기법'에 어긋날 뿐만 아니라 물고기 '대구(whiting)' 따위를 가리키는 말이 되어 더욱 이상하다.

원래 우리 겨레는 그런 식의 쌍소리를 좋아하지 않았다고 한다. 그래서 '파이팅'이란 국적 불명의 잘못된 말 대신 국립국어원에서 정한 '아자!'나 '얼씨구!' 힘내라!' 등을 쓰는 것이 바람직하다. 또 '아리아리'로 바꿔 보는 것이 좋을 듯하다고 제안하는 사람도 있다. 이 말의 어원은 '아리랑'의 앞부분 '아리아리'로 '여러 사람이 길을 내고 만들어 간다'는 뜻이다.

국적불명의 잘못된 외국어는 '파이팅' 말고도 '백미러(rear-view-mirror → 뒷거울), 추리닝(training → 운동복), 스덴(stainless → 녹막이),

레자(leather → 인조가죽), 빵꾸(punchure → 구멍), 엑기스(extract → 진액) 등이 있다.

뿌리가 의심스런 일본말

　책임회피형 말과 국적불명의 외국어뿐만 아니라 일본식 한자말도 해방된 지 60년이 넘었는데도 여전히 쓰인다. 표준말만 쓴다는 아나운서가 '애매하다'라 한다. '애매(曖昧, あいまい)'는 일본에서 쓰는 말이고, 우리는 '흐리멍덩하다, 흐리터분하다, 어정쩡하다'라거나 '모호(模糊)'라는 한자말을 쓴다. 게다가 '애매모호'라는 중복된 말을 쓰는 것은 더욱 안 된다. 물론 우리말에도 '애매하다'가 없는 것은 아니지만 그 뜻은 '억울하다'로 전혀 다른 것이다.

　음식점에 가면 닭도리탕이 있는데 도리는 한자로 조(鳥, とり), 곧 '새'란 일본말이다. 그래서 '닭도리탕'은 '닭+とり+탕'으로 우리말과 일본말이 섞인 '닭새탕'이란 이상한 말이 되니 써서는 안 되며, 닭볶음탕이라 해야 한다. 일본이 우리를 멸시하려고 만든 이씨 조선이란 뜻의 '이조(李朝)'나 명성황후를 낮춘 '민비'도 써서는 안 된다. 일본식 한자말은 이 외에도 곤색(紺色, こんいれ→ 진남색), 노가다(どかた→노동자, 막노동꾼), 기스(きず→흠, 상처), 다대기(たたき→다진 양념), 십팔번(じゆうはちばん, 일본 가부키 문화의 18번째→장기, 애창곡), 축제(まつり→잔치, 모코지, 축전) 등이 있다.

　우리는 세계 최고의 글자를 가졌다. 세계 언어학자들이 우리를 부러워하고 있다. 그런데도 우리는 초·중·고등학교 12년, 많게는 대학까지 16년 동안이나 말글을 배우고도 맞춤법 잘못은 물론 순일본말, 일본식 한자말, 국적불명의 외국어 등을 무분별하게 쓰고 있다. 어떤 사람은 여태 잘 써왔는데 왜 시비냐고 하지만, 우리가 말글생활을 올바로 하는 것이야말로 세계화 시대에 당당하게 사는 일이다.

언론인 이참 씨는 한국에 귀화한 독일인이지만 한글에 전문가 못지않은 실력을 갖추고 있다. 만일 우리가 이렇게 잘못된 말글을 반성 없이 쓰다가 그런 사람을 만난다면 어떻게 될까? 많은 이가 지식인 체하면서 말글생활을 올바로 못한다면 떳떳하지 못할 것이다. 우리는 자원 없는 나라에 살고 있다. 그래서 당당한 문화국가로 바르게 서는 것이 살 길이다.

어떤 국어학자는 다음과 같은 말을 들려준다.

"주시경 선생은 '말이 올라야 나라가 오른다'고 했다. 우리 말글이 제대로 대접받을 때 우리나라도 제대로 대접받는다는 뜻이다. 아직 일본말 찌꺼기를 쓰는 우리를 보고 일본인들은 역사 왜곡을 서슴지 않는다. 스스로 우리 문화에 당당해야 하며, 우리 말글을 올바로 써야 할 때다."

'축제' 대신 '잔치',
'만땅' 대신 '가득'이라 쓰세요

얼마 전 부끄러운 우리 자화상 같은 이야기를 들은 적이 있다. 외국에 나간 한국인이 앞은 영어로, 뒤는 한자로 인쇄한 명함을 서양인에게 내밀었다 한다. 명함을 받아든 사람은 그에게 중국인인지 일본인인지 물었다는데…. 그 사람 반응이 어떠했을지 상상해 보자.

2007년 한글날은 세종임금이 훈민정음을 반포한 지 561돌 되는 해다. 그러나 오늘날 우리 말글문화 현실은 안타깝기만 하다. 일제강점기 때 선각자들이 목숨을 걸고 지켰던 우리 말글이 이제 세계화 물결에 밀려 푸대접을 받는 것이다. 글과 문화가 없는 민족은 오늘날 그 흔적을 찾아볼 수 없다는 사실을 우리는 무심코 지나치는 것은 아닐까?

많은 사람이 한자 또는 영어 등 외국어를 써야 유식한 듯 착각하고, 초등학교부터 한자와 영어 가르치기에 골몰하고 있다. 더하여 일제 억압에서 해방된 지 벌써 60년이 넘었건만, 아직도 일본말 찌꺼기를 무심코 쓰는 사람들이 많다는 것은 부끄러운 일이다.

순일본말

다음은 순일본말을 알면서도 쓰고 또 몰라서도 쓰고 있는 것들이다. 오른쪽과 같이 바꾸어 써야 한다.

1. 가께우동(かけうどん) → 가락국수
2. 곤색(紺色, こんいろ) → 진남색, 감청색
3. 기스(きず) → 흠, 상처
4. 노가다(どかた) → 노동자, 막노동꾼
5. 다대기(たたき) → 다진 양념
6. 단도리(段取, だんどり) → 준비, 단속
7. 단스(簞?, たんす) → 서랍장, 옷장
8. 데모도(てもと) → 허드레 일꾼, 조수
9. 뗑깡(てんかん) → 생떼, 행패, 어거지
10. 뗑뗑이가라(てんてんがら) → 점박이무늬, 물방울무늬
11. 똔똔(とんとん) → 득실 없음, 본전
12. 마호병(まほうびん) → 보온병
13. 멕기(めつき) → 도금
14. 모찌(もち) → 찹쌀떡
15. 분빠이(分配, ぶんぱい) → 분배, 나눔
16. 사라(さら) → 접시
17. 셋셋세(せつせつせ) → 짝짝짝, 야야야 ('셋셋세', '아침바람 찬바람에' 등 우리가 전래동요로 아는 많은 노래가 실제로는 2박자

의 일본 동요)

18. 소데나시(袖なし, そでなし) → 민소매

19. 소라색(空色, そら色) → 하늘색

20. 시다(した) → 조수, 보조원

21. 아나고(あなご) → 붕장어, 바닷장어

22. 야끼만두(やきまんじゅう) → 군만두

23. 에리(襟, えり) → 옷깃

24. 엥꼬(えんこ) → 바닥남, 떨어짐(일본에선 어린이가 다리를 뻗고 털썩 주저앉는다는 뜻)

25. 오뎅(おでん) → 꼬치, 생선묵

26. 와사비(山葵, わさび) → 고추냉이

27. 요지(楊枝, ようじ) → 이쑤시개

28. 우라(裏, うら) → 안감

29. 유도리(ゆとり) → 융통성, 여유

30. 입빠이(いっぱい) → 가득, 한껏, 많이

31. 찌라시(ちらし) → 선전지, 낱장 광고

32. 후까시(ふかし) → 부풀이, 부풀머리, 품재기

33. 히야시(ひやし) → 차게 함

일본식 한자말

일제강점기 이후 일본은 일상용어조차도 일본식으로 쓰도록 했고, 또 우리 지식인이란 사람들도 비판 없이 받아쓰곤 한 것이 바로 아래의 말들이다. 역시 오른쪽처럼 우리말로 써야 한다.

1. 가봉(假縫, かりぬい) → 시침질
2. 가처분(假處分, かりしょぶん) → 임시처분
3. 각서(覺書, おぼえがき) → 다짐글, 약속문서
4. 견습(見習, みならい) → 수습
5. 견적(見積, みつもり) → 어림셈, 추산
6. 견출지(見出紙, みだし紙) → 찾음표
7. 고수부지(高水敷地, -しきち) → 둔치, 강턱
8. 고지(告知, こくち) → 알림
9. 고참(古參, こさん) → 선임자, 선참
10. 공임(工賃, こうちん) → 품삯
11. 공장도가격(工場渡價格, こうじょうわしかかく) → 공장값
12. 구좌(口座, こうざ) → 계좌
13. 기라성(綺羅星, きらぼし) → 빛나는 별
14. 기중(忌中, きちゅう) → 상중(喪中) 기(忌→싫어하다, 미워하다), 상(喪→죽다, 상제가 되다.
15. 기합(氣合, きあい) → 혼내기, 벌주기, 얼차려
16. 납기(納期, のうき) → 내는 날
17. 납득(納得, なっとく) → 알아듣다, 이해
18. 낭만(浪漫, ろうまん) → 로망(Romance)
원래 소설을 뜻하는 말인 'Romance'를 '파도' 낭(浪), 넘쳐흐를 만(漫)을 써서 엉뚱한 글자를 만들었음.

19. 내역(內譯, うちわけ) → 명세

20. 노임(勞賃, ろうちん) → 품삯

21. 대금(代金, だいきん) → 값, 돈

22. 대절(貸切, かしきり) → 전세, 대출(貸出)・대부(貸付)・대금업(貸金業)과 함께 대(貸, 빌리다)로 시작하는 일본어다.

23. 대하(大蝦, おおえび) → 큰새우

24. 대합실(待合室, まちあいしつ) → 기다리는 곳, 기다림방

25. 매립(埋立, うめたて) → 매움

26. 매물(賣物, うりあげ) → 팔 물건, 팔 것

27. 매상고(賣上高, かいうげだか) → 판매액

28. 매점(買占, かいしめ) → 사재기

29. 매점(賣店, ばいてん) → 가게

30. 부지(敷地, しきち) → 터, 대지

31. 사물함(私物函, しぶつかん) → 개인물건함, 개인보관함

32. 생애(生涯, しょうかい) → 일생, 평생. 원래 우리말에서 '생애'는 살아가는 상태를 이르는 말이었는데 일본말 '생애'가 들어오면서 '생애'가 일생을 뜻하는 말로 둔갑하였다. 또 다른 비슷한 예로 식구가 가족으로, 동기는 형제로, 내외는 부부로, 본전이 원금으로, 노자가 여비로, 상오가 오전으로, 출입이 외출로, 단장이 화장으로 바뀌었음.

33. 세대(世帶, せたい) → 가구, 집. 세대주(世帶主)도 역시 세대에서 나온 말임.

34. 수당(手當, てあて) → 덤삯, 품삯

35. 수순(手順, てじゆん) → 차례, 순서, 절차
36. 수취인(受取人, うけといにん) → 받는 이
37. 승강장(昇降場, のりおりば) → 타는 곳
38. 시말서(始末書, しまつしょ) → 경위서
39. 식상(食傷, しょくしょう) → 싫증남, 물림
40. 십팔번(十八番, じゆうはちばん) → 단골 노래, 단골 장기
 일본 가부키 문화의 18번째를 뜻하는 것.
41. 애매(曖昧, あいまい) → 모호
 더구나 '애매모호'라는 말은 '역전앞'과 같이 중복된 말이며, 우리말에도 물론 '애매'가 있지만 그 뜻은 전혀 다른 '억울하다'임.
42. 역할(役割, やくわり) → 소임, 구실, 할 일
43. 오지(奧地, おくち) → 두메, 산골
44. 육교(陸橋, りつきょう) → 구름다리(얼마나 아름다운 낱말인가?)
45. 이서(裏書, うらがき) → 뒷보증, 배서
46. 이조(李朝, りちょう) → '이씨 조선'이란 비하하는 뜻이 들어 있음.
47. 인상(引上, ひきあば) → 올림
48. 입구(入口, いりぐち) → 들머리, 들목, 들어오는 곳, 어귀
 "들어가는 구멍"이라는 표현은 우리 정서에 맞지 않는다. 오히려 "들어가는 머리"라는 말은 얼마나 정겨운가?
49. 입장(立場, たちば) → 처지

50. 잔고(殘高, ざんだか) → 나머지, 잔액

51. 절취선(切取線, きりとり線) → 자르는 선

52. 지분(持分, もちぶん) → 몫

53. 차출(差出, さしだし) → 뽑아냄, 원래 일본에선 들어온 '차출' 은 '제출하다·발송하다' 의 뜻을 가진 말임.

54. 천정(天井, てんじょう) → 천장(天障)
    일본 지붕의 천장널을 끼우는 틀이 우물 정(井)처럼 생겨서 비롯된 것 같다. 우리는 '장(障)' 자를 써서 하늘을 가로막았다고 생각한 모양이다.

55. 체념(諦念, てりねん) → 단념, 포기, 체(諦)라는 한자는 우리나라에선 '살피다' 라는 뜻으로 쓰지만, 일본에서는 '포기하다, 단념하다' 라는 뜻으로 쓴다.

56. 촌지(寸志, すんし) → 돈봉투, 작은 성의
    '촌지' 는 마디 촌(寸), 뜻 지(志)를 쓴 좋은 낱말로 생각하지만 실제론 일본말이다. 꾹 질러주는 돈이란 뜻으로 '꾹돈' 은 어떨까?

57. 추월(追越, おりこし) → 앞지르기

58. 축제(祝祭, まつり) → 잔치, 모꼬지, 축전. 우리는 잔치에 제사 '제(祭)' 를 쓰지 않았고 '제(祭)' 를 쓸 때는 제사(祭祀)나 기우제(祈雨祭) 따위의 엄숙한 의식에 쓴다. 일본의 전통의식(놀이)인 '마쓰리(まつり)' 에서 유래된 이 '축제' 란 말을 풀어보면 '축하 제사' 가 된다.

59. 출산(出産, しゅっさん) → 해산, 비슷한 사례로 교접(交接)이 교

제(交際)로, 기운(起運)이 기분(氣分)으로 바뀌었다.

60. 할증료(割增料, わりましりょう) → 웃돈, 추가금
61. 혜존(惠存, はいぞん) → 삼가 드립니다. 바칩니다. "존경하는 선생님께 이 책을 바칩니다"라면 더 좋지 않을까?
62. 회람(回覽, かいらん) → 돌려보기

어떤 사람은 한자말을 쓰는 것이 말을 줄여 쓸 수 있어 좋다고 하지만 실제론 강턱(고수부지), 공장값(공장도가격)처럼 오히려 우리말이 짧은 것도 있어 설득력이 없다. 또 다른 낱말인 매점(賣占, 賣店)의 경우 차라리 사재기, 가게라는 말을 씀으로써 말뜻이 명쾌해지는 이점이 있다. 괜히 어쭙잖은 일본식 한자말을 쓰기보다는 아름다운 우리말, 우리식 한자말을 사용하는 것이 얼마나 좋은가?

일본식 외래말

일본인들은 영어 발음을 잘 못한다. 그런 일본사람들이 잘못 만들어 놓은 외래어를 비판 없이 무심코 받아쓰는 것은 우리 자존심을 저버린 행위가 아닐까? 다음과 같은 말들을 살펴보면서 그냥 웃어 넘길 일이 아니라 앞으로는 우리말 또는 올바른 외래어를 쓰도록 할 일이다.

1. 난닝구(running-shirts) → 러닝셔츠
2. 다스(dosen) → 타(打), 묶음, 단

3. 돈까스(豚/pork-cutlet) → 포크커틀릿, 돼지고기튀김

   돼지고기를 뜻하는 '포크' 대신에 돼지 돈(豚) 자를 쓰고, 커틀릿의 일본어 발음인 'カッレッ(까스레스)'를 붙여 만든 억지 말.

4. 레미콘(ready-mixed-concret) → 양회반죽

5. 레자(leather) → 인조가죽

6. 만땅(滿-tank) → 가득 채움(가득)

7. 맘모스(mammoth) → 대형, 매머드

8. 메리야스(madias : 스페인어) → 속옷

9. 미싱(sewing machine) → 재봉틀

10. 백미러(rear-view-mirror) → 뒷거울

11. 빵꾸(punchure) → 구멍, 망치다

12. 뻥끼(pek : 네델란드어) → 칠, 페인트

13. 사라다(サラダ) → 샐러드(salad)

14. 스덴(stainless) → 녹막이, 스테인리스

    '스덴(stain)'만 쓰게 되면 오히려 "얼룩, 오염, 흠"이란 뜻이 되므로 뒤에 '리스(less)'를 붙여야만 한다.

15. 엑기스(extract) → 진액

16. 오바(over coat) → 외투

17. 자꾸(zipper, chuck) → 지퍼

18. 조끼(jug) → 저그(큰잔, 주전자, 단지)

19. 추리닝(training) → 운동복, 연습복

    더구나 training만 쓰면 단순히 '훈련'이란 뜻일 뿐이다.

20. 함박스텍(hamburg steak) → 햄버그스테이크

21. 후앙(fan) → 환풍기

실제 더 많은 순일본말, 일본식 한자말, 일본식 외래말 등 일본찌꺼기가 우리 말글문화를 더럽혀 왔지만 우리는 모르고 써왔다. 별것 아니라고 생각하는 사람이 있을지 모르나 생활 속에서 작은 것부터 일제 찌꺼기를 청산하는 것이야말로 외국의 억압에서 벗어나 진정한 독립을 이루는 길이라 생각한다.

참고 : 위 내용은 "일본어투 용어 순화 자료집"(문화관광부)과 "우리말 속 일본말(박숙희, 한울림)"을 참고하여 고치고 덧붙였다. 일본어 우리말 표기는 '외래어표기법'에 파열음 표기는 된소리 쓰지 않게 되어 있지만 일반 독자들을 위해 실제 소리를 반영하였다.

더불어 살기 위한 명절 세시풍속

설날은 낯설고, 삼가는 날
탑돌이와 보름병, 정월대보름은 토종 연인의 날
양기 왕성한 날, 단오엔 부채를 신물하자
유두, 불편했던 이웃과 함께 웃는 날
복날은 탁족·회음·복달임 하는 날
이열치열과 등거리, 그리고 죽부인
한가위 전날 저녁 발가벗고 '밭고랑기기' 하는 아이들
동지에는 며느리가 시어머니에게 동지헌말을 드렸다

설날은 낯설고, 삼가는 날

우리의 설날은 어머니가 빚어 주셨다.
밤새도록 자지 않고
눈 오는 소리를 흰떡으로 빚으시는
어머니 곁에서
나는 애기까치가 되어 날아올랐다.
(중략)
어머니가 밤새도록 빚어놓은
새해 아침 하늘 위에
내가 날린 방패연이 날아오르고
어머니는 햇살로
내 연실을 끌어올려 주셨다.

김종해 시인은 '설날'을 이렇게 노래했다. 나도 어렸을 적 섣달 그믐날 자지 말라는 어른들의 말씀을 지키려다 그만 잠이 들어 다음 날 아침 눈썹이 하얗게 된 것을 보고 깜짝 놀랐다. 설날 아침 설빔을 입고 세뱃돈을 받고서 온통 내 세상 같던 옛날이 그리워진다. 이 설날은 한가위와 더불어 우리 겨레의 큰 명절이며, 민족의 대이동이 있는 날이기도 하다.

'설'의 말밑과 유래

설은 새해의 첫 시작이다. 묵은해를 정리하고 새로운 계획과 다짐으로 다시 출발하는 첫날이다. 이 설의 말밑(어원)에는 몇 가지 설이 있다.

먼저 '섧다'라는 뜻으로 본다. 선조 때 학자 이수광의 《여지승람(輿地勝覽)》에 설날을 '달도일(怛忉日)'이라 했다. '달'은 슬프고 애달파한다는 뜻이요, '도'는 칼로 마음을 자르듯 마음이 아프고 근심에 차 있다는 뜻이다. 한 해가 지남으로써 점차 늙어 가는 처지를 서글퍼하는 말이다.

다음은 '사리다(愼, 삼가다)'의 '살'에서 비롯되었다는 설(說)이다. 각종 세시기(歲時記)에 설을 신일(愼日)이라 하여 '삼가고 조심하는 날'로 표현했다. 몸과 마음을 바짝 죄어 조심하고 가다듬어 새해를 시작하라는 뜻으로 본다.

'설다, 낯설다'의 '설'이라는 어근에서 나왔다는 설도 있는데, 가장 설득력 있다. 처음 가보는 곳, 처음 만나는 사람은 낯선 곳이며 낯선 사람이다. 따라서 설은 새해라는 정신적·문화적 낯섦의 의미로 '낯설은 날'로 생각했고, '설은 날'이 '설날'로 바뀌었다는 것이다.

나이를 말하는 말, 곧 '몇 살(歲)' 하는 '살'에서 비롯되었다는 연세설(年歲說)도 있다. 산스크리트어는 해가 바뀌는 연세(年歲)를 '살'이라 한다. 여기에는 두 가지 뜻이 있는데, 하나는 해가 돋아나듯 '새로 솟는다'는 것이고, 시간상 이전과 이후가 달라진다는 나눔이나 경계를 뜻한다. 이 모두 새해와 직접 연관되어 있다. 따라서 이 '살'이 '설'로 바뀌었다는 것이다.

이 밖에 한 해를 새로 세운다는 뜻의 '서다'라는 말에서 시작되었다는 설도 있다.

'까치까치 설날은 어저께고요~'라는 윤극영의 동요처럼 섣달 그믐날을 '까치설'이라 한다. 그런데 왜 섣달 그믐날이 까치설일까? 예전엔 섣달 그믐날을 가리켜 작은설이라 하여 '아치설', '아찬설'이라 했다. '아치'는 작다는 뜻이며 이 아치설이 '까치설'로 바뀌었다는 것이다. 음력 22일 조금을 다도해 지방에서는 '아치조금'이라 하는데, 경기만 지방에서는 '까치조금'이라 하는 것과 같은 맥락이다. 〈설날〉이라는 동요에서 '까치설날'이라 한 것도 작사 작곡한 윤극영이 서울 사람이었기에 그 영향을 받았을 것으로 본다.

까치설날에 관한 설화도 있다. 《삼국유사》에 보면 신라 소지왕 때 왕비가 한 스님과 내통하여 왕을 살해하려 하였는데 까치, 쥐, 돼지, 용의 도움으로 이를 모면하였다. 그런데 쥐, 돼지, 용은 모두 12지에 드는 동물이라 기념할 날이 있지만 까치만 빠졌기에 설 전날을 까치의 날이라 하여 까치설이라 이름 지었다는 이야기도 있다.

설날 세시풍습과 세배하는 법

설날과 관련된 말은, 이 날 돌아가신 조상에게 지내는 제사를 '차례'라 하고, 아이들이 입는 새 옷을 '설빔'이라 하며, 어른 찾아뵙는 것을 '세배'라 한다. 이 날 대접하는 시절 음식을 '세찬(떡국)', 이에 곁들인 술은 '세주(초백주, 도소주)'다.

설날 아침 먼저 사당이나 대청에 세찬과 세주, 떡국 등을 차려놓고 조상에게 새로운 날을 맞이하였음을 알리는 차례를 지낸다. 그런 다음 세배와 음복을 한 뒤 성묘를 간다. 설 차례는 떡국차례라 하여 떡국을 올린다. 경북 영일, 안동 지방에서는 이 날 눈이나 비가 와서 질면 풍년이 든다 한다. 속담에 '설은 질어야 하고, 보름은 말라야 한다' 하였다. 집안마다 차례가 끝나면 마을 어른들을 찾아뵙고 새해인사를 하고 덕담을 나누는 풍습도 남아 있다.

사돈 간에는 부인들이 서로 하녀를 보내어 새해 문안을 드리는데, 이 하녀를 '문안비(問安婢)'라 했다. 민가에는 벽 위에 닭과 호랑이 그림을 붙여 액이 물러가기를 빌고, 남녀의 나이가 불길할 때, 곧 29, 39 따위의 아홉수를 당한 사람은 세 마리의 매를 그려 문설주에 붙였다. 설날 꼭두새벽 거리에 나가 맨 처음 들려오는 소리로 한 해의 길흉을 점쳤는데, 이는 '청참(聽讖)'이다.

또 장기짝같이 만든 나무토막에 오행인 금·목·수·화·토를 새긴 다음 이것을 던져서 점괘를 얻어 새해의 신수를 보는 '오행점(五行占)'을 쳤다. 또 남녀가 한 해 동안 빗질할 때 빠진 머리카락을 모아 빗상자 속에 넣었다가, 설날 해가 어스름해지기를 기다려 문밖에서 태움으로써 나쁜 병을 물리쳤다는 '원일소발(元日燒髮)' 풍습도 있었다.

속담에 나오는 '야광귀(夜光鬼, 양괭이)'라는 귀신은 설날 밤, 사람들의 집에 내려와 아이들의 신을 두루 신어보고 발에 맞으면 신고 가는데, 그 신의 주인은 불길한 일이 일어난다고 믿었다. 그래서 아이들은 이 귀신을 두려워하여 신을 감추거나 뒤집어놓고 잠을 잤다. 그리고 채를 마루 벽이나 장대에 걸어 두었다. 그것은 야광귀가 와서 아이들의 신을 훔칠 생각을 잊고 채의 구멍이 신기하여 세고 있다가 닭이 울면 도망간다고 생각했던 것이다.

섣달 그믐날 밤에 잠을 자면 눈썹이 희어진다고 했으며, 아이들이 졸음을 이기지 못하여 잠들면 잠든 아이들의 눈썹에 떡가루를 발라 놀려 주었다. 이것은 설맞이 준비가 바쁘니 이 날은 자지 말고 일을 해야 한다는 데서 생긴 말이다. 섣달 그믐날 자지 않고 새우는 것을 설을 지킨다는 뜻에서 '해지킴' 또는 '수세(守歲)한다'고 한다. 또 섣달 그믐날 밤에 쌀 이는 조리를 만들어 복조리라 하여 붉은 실을 꿰어 부엌에 걸어 두는 풍습이 있었다. 여기에는 한 해 동안 많은 쌀을 일 수 있을 만큼 풍년이 들라는 뜻이 담겨 있다.

설날 아침 차례와 성묘를 지낸 다음 친척과 마을 사람들끼리 모여 여러 가지 놀이를 즐겼는데, 이 놀이는 설날뿐 아니라 이 날부터 시작하여 설 명절 마지막인 정월대보름날까지 즐겼다. 우리나라의 민속놀이는 이 시기에 집중되어 있다.

대표적인 놀이는 윷놀이와 널뛰기, 연날리기, 썰매타기, 팽이치

새해 첫날, 해맞이

기, 바람개비놀이, 쥐불놀이(쥐불놓이) 등이 있다. 마을 사람들이 모두 모여서 하는 놀이로 풍물굿이 어느 지방에서나 행해졌으며, 지신밟기, 석전(石戰), 동채싸움(차전놀이), 나무쇠싸움, 횃불싸움, 달불놀이, 달집사르기 등이 있었으나 대부분 사라져 안타깝기만 하다.

우리는 설날 세배를 하면서도 예법을 몰라 쩔쩔매는 경우가 많다. 따라서 세배법도 익혀 두어야 한다. 여자의 세배는 오른쪽 무릎을 세우고 어깨넓이 정도로 손을 내려뜨리며 절을 하는 것이 바른 예법이다. 양손을 어깨폭만큼 벌리고 손가락은 모은 채 약간 바깥쪽으로 향하게 한 뒤 서서히 몸 전체를 굽힌다. 갑자기 목만 떨어뜨려서는 안 되며, 머리는 땅바닥에 닿을 듯 말 듯하게 한다. 남자는 왼손을 오른손 위에 포개는 것이 바른 세배법이다. 손 잡는 법을 '공수법(拱手法)'이라 하는데 남녀가 반대이고, 절을 받는 사람이 산 사람과 죽은 사람일 경우는 또 반대다.

세배를 하면서 흔히 '새해 복 많이 받으십시오'처럼 명령투의 말을 하는데, 이것은 예절에 맞지 않는다. 세배를 한 뒤 일어서서 고개를 잠깐 숙인 다음 제자리에 앉는다. 그러면 세배를 받은 이가 먼저 덕담을 들려준 후 이에 화답하는 예로 겸손하게 얘기를 한다. 덕담은 덕스럽고 희망 섞인 얘기만 하는 것이 좋으며, 지난해 있었던 나쁜 일은 굳이 꺼내지 않는 게 미덕이다.

첨세병과 도소주, 설날 음식

떡국은 꿩고기를 넣고 끓이는 것이 제격이지만 꿩고기가 없는 경우에는 닭고기를 넣고 끓였다. 그래서 '꿩 대신 닭'이라는 말이 생겨났다. 설을 쇨 때 반드시 떡국을 먹는 것으로 여겼기 때문에 사람들은 떡국에 나이를 더 먹는 떡이란 뜻의 '첨세병(添歲餠)'이라는 별명까지 붙였다.

설날에 술을 마시는데 '설술은 데우지 않는다'는 뜻으로 '세주불온(歲酒不溫)'이라 하여 찬술을 한 잔씩 마셨다. 이것은 옛사람들이 정초부터 봄이 든다고 보았기 때문에 봄을 맞으며 일할 준비를 해야 한다는 뜻에서 생긴 풍습이다. 또 설에는 도소주(屠蘇酒)를 마셨는데 이 술은 오랜 옛날부터 전해져 온다. 도소주는 육계, 산초, 흰삽주뿌리, 도라지, 방풍 등 여러 가지 한약재를 넣어서 만든 술이다. 그러므로 이 술을 마시면 병이 생기지 않는다고 믿었다.

다른 나라의 재미있는 설 풍속

다른 나라도 설 명절을 쇠는 데가 많다. 러시아는 식사하기 전에 보드카를 귀밝이술처럼 마시면서 한 해의 복을 빈다. 우리나라 풍속과 닮은 데가 있다. 그런가 하면 베트남은 수박의 익은 정도로 한 해를 점치는 풍속이 있다. 설날 전에 수박을 준비했다가 설날 손님들이 모이면 수박 가운데를 가른다. 이때 수박이 얼마나 잘 익었느냐에 따라 한 해의 길흉을 점치는 것이다.

인도는 설날 온 식구가 모인 마당에 불을 지펴 냄비에 우유와 쌀로 죽을 끓여 한 해의 길흉을 점친다. 죽이 잘 안 끓여지거나 냄비가 깨지면 불행이 오고, 죽이 잘 끓으면 행복해진다고 믿으며 이 죽을 무화과 잎사귀에 싸서 친지들에게 선물한다.

이란은 씨르(sir, 마늘), 쎄르케(serke, 식초), 씨브(sib, 사과) 등 7가지 재료를 써서 음식을 장만하는데, 이 재료들은 각각 풍요, 즐거움, 건강, 행복 등을 상징한다. 멕시코는 12월 31일 밤 자정에 시계탑 종이 12번 울리는 것에 맞추어 12개의 포도알을 먹으며 소원을 빈다.

가까운 중국의 대표적인 풍습은 '압세전(壓歲錢)'이다. 압세전은 덕담을 적은 빨간 봉투에 담아 주는 세뱃돈을 말한다. 또 우리나라의 입춘 풍속과 같은 의미의 춘련을 붙인다. 이것은 복숭아나무에 귀신을 쫓는 신의 상을 그리거나 이름을 써서 복을 기원하는 풍습인 '도부'에서 유래한 것으로 춘조, 두방, 복(福) 자를 써서 거꾸로 붙이는 '복자' 따위가 있다.

또 일본 풍속을 보면 연, 매화 등이 그려진 봉투에 세뱃돈을 담아 준다. 세뱃돈을 그냥 건네는 것은 예의에 어긋난다고 생각한다. 일본 사람들은 '하쓰모데'라고 새해 첫날 신사참배를 하는데, 보통 섣달 그믐날 밤을 신사에서 보내고 설날 집으로 오는 관습이다.

'구정'은 조선총독부의 작품

우리의 큰 명절 설이 언제부터 명절이었는지 명확하게는 알 수 없다. 《수서(隋書)》를 비롯한 중국의 사서에는 신라인들이 설날 아침에 서로 인사하며, 임금이 신하들을 모아 잔치를 베풀고, 이 날 일월신을 배례한다고 기록되어 있다. 《고려사》에는 설날, 대보름, 한식(寒食), 삼짇날, 단오, 한가위, 중양절(음력 9월 9일), 팔관회(음력 10월 15일), 동지를 '구대속절(九大俗節)'로 지낸다 했고, 조선시대에도 설날, 한식, 단오, 한가위를 4대 명절로 꼽은 것처럼 설날은 우리의 오랜 명절이었다.

그런데 이 설은 태음력을 기준으로 한 것이어서 일제강점기 이후 오랫동안 수난이 이어졌다. 조선총독부는 1936년 《조선의 향토오락》이란 책을 펴낸 다음 우리말, 우리글, 우리의 성과 이름까지 빼앗고 겨레문화를 송두리째 흔들어 놓았다. 또 조선총독부는 '설'을 '구정'이란 말로 격하시켜 민족정신을 말살시키려 했다. 광복 후에도 양력이 기준력으로 사용됨으로써 양력설은 제도적으로 계속되었다.

1989년까지만 해도 양력 1월 1일부터 3일간 공휴일이었다. 음력설은 '민속의날'이라 하여 단 하루 공휴일이었으므로 양력설에 짓

눌릴 수밖에 없었다. 양력 설날은 연말연시와 성탄절과 함께 잔치처럼 지내는 풍속으로 굳어지는 듯했다. 그리고 민족 고유의 설은 이중과세라는 명목 아래 오랫동안 억제되어 왔다.

그런데 1989년 2월 1일 정부가 '관공서의 공휴일에 관한 규정'을 고쳐 설날인 음력 1월 1일을 전후한 3일을 공휴일로 지정, 시행함에 따라 설날이 민족명절로 다시 자리잡았다. 이제 우리는 일본의 쓰레기라 볼 수 있는 '구정'이란 말을 삼가고 꼭 '설날'이란 말을 써야 할 것이다.

> 새해 새아침이 따로 있다드냐?
> (중략)
> 네가 새로워지지 않으면
> 새아침을 새아침으로 맞을 수가 없고
> 결코, 새날을 새날로 맞을 수가 없고
> 너의 마음 안의 천진(天眞)을 꽃피워야
> 비로소 새해를 새해로 살 수가 있다.

구상 시인의 충고는 우리가 어떻게 설날을 보내야 하는지 잘 가르쳐 준다. 설날은 그저 먹고 노는 날이 아니다. 새해를 시작하는 날, 돌아가신 조상과 살아계신 어른을 찾아뵙고 뿌리를 되새기며, 오랫동안 우리 겨레가 해온 흔적을 찾아 그 슬기로움을 오늘에 되살려 놓는 날이다. 그러면서 더욱 삼가고 마음을 바짝 죄어 한 해를 시작해야 한다.

탑돌이와 보름병,
정월대보름은 토종 연인의 날

하늘에 보름달이 휘영청 떠 있다. 뒷동산에 올라 은은한 달빛에 온몸을 맡긴 채 옛 추억을 더듬는다. 음력 정월대보름(1월 15일) 달은 한 해 가운데 달의 크기가 가장 크다. 가장 작은 때에 비해 무려 14%나 커 보인다는데, 그것은 달이 지구에 가장 가깝게 다가서기 때문이란다.

조선 후기에 간행된《동국세시기》에는 "초저녁에 횃불을 들고 높은 곳에 올라 달맞이하는 것을 '망월(望月)'이라 하며, 먼저 달을 보는 사람에게 행운이 온다"고 적혀 있다.

우리나라는 농사를 기본으로 음력을 사용하는 전통사회였다. 또한 음양사상(陰陽思想)에 의하면 해를 '양(陽)'이라 하여 남성으로, 달은 '음(陰)'이라 하여 여성으로 본다. 달의 상징적 구조를 풀어 보면 달―여신―땅으로 표상되며, 여신은 만물을 낳는 지모신(地母神)으로 출산하는 힘을 가졌다고 한다. 따라서 달은 풍요로움의 상징이었다.

정월 명절로는 설과 대보름이 있다. 옛 풍속에는 대보름을 설처럼 여겼다. 《동국세시기》에 대보름에도 섣달 그믐날의 수세하는 풍속과 같이 온 집안에 등불을 켜놓고 밤을 지새운다는 기록이 보인다.

대보름, 약밥 · 오곡밥 · 귀밝이술

대보름날의 먹거리는 약밥, 오곡밥, 복쌈, 진채식(陳菜食), 귀밝이술 따위가 있다.

우선 약밥은 찹쌀을 밤, 대추, 꿀, 기름, 간장들을 섞어서 찐 후 잣을 박은 것이다. 《동국세시기》에 "신라 소지왕 10년 정월 15일 왕이 천천정(天泉亭)에 행차했을 때 날아온 까마귀가 왕을 깨닫게 했다. 그래서 보름날 까마귀를 위하여 제사를 지내 그 은혜에 보답하는 것이다"라는 기록이 있다. 이 약밥은 지방에 따라 오곡밥, 잡곡밥, 찰밥, 농삿밥으로 대신하기도 한다.

대보름날엔 세 집 이상 성이 다른 집 밥을 먹어야 그 해의 운이 좋다고 하며, 평상시에는 하루 세 번 먹는 밥을 이 날은 아홉 번 먹어야 좋다고 믿었다. 또 대보름 음식으로 복쌈이 있는데, 이는 밥을 김이나 취나물, 배추잎 등에 싸서 먹는 것을 말한다. 복쌈은 여러 개를 만들어 그릇에 노적 쌓듯이 높이 쌓아 성주님께 올린 다음에 먹으면 복이 온다 한다.

진채식은 고사리, 버섯, 호박고지, 오이고지, 가지고지, 무시래기 등 햇볕에 말린 여러 가지 나물을 물에 잘 우려서 삶아 무쳐 먹으면 여름에 더위를 먹지 않고 한 해를 무사히 지나게 된다는 믿음이 있었다.

또 귀밝이술은 《동국세시기》에 "청주 한 잔을 데우지 않고 마시면 귀가 밝아진다. 이것을 귀밝이술이라 한다" 했다.

한방에서는 대보름 명절음식을 이렇게 말한다.

우선 오곡밥은 오색이 모두 들어가 있기 때문에 오장육부를 조화시키고 각 체질에 맞는 음식이 골고루 섞여 있는 조화로운 음식이다. 특히 찹쌀은 소화기를 돕고 구토, 설사를 멎게 하며, 차조는 비위(脾胃)의 열을 제거하고 소변을 잘 나오게 하는 동시에 설사를 멎게 하며, 차수수는 몸의 습(濕)을 없애 주고 열을 내려 준다. 또 콩은 오장을 보하고, 십이경락의 기혈 순환을 도우며, 팥은 소변을 잘 보게 하여 부기, 갈증, 설사를 멎게 한다.

하지만 전통음식이라 해서 다 좋은 건 아니다. 차수수는 소화가 잘 안 되는 점을 알아야 하고, 부럼 깨물기는 이가 상할 수도 있으니 치아가 약한 사람은 조심해야 하며, 평소 똥이 무르거나 지성 피부인 경우는 좋지 않을 수도 있다.

대보름 세시풍속, 부럼깨물기 · 더위팔기

전통 농가에서는 정월을 '노달기' 라 하여 농민들은 휴식을 취하며 다음 농사 준비를 한다. 또 다양한 제사의식과 점치기, 놀이가 벌어진다. 지방마다 차이가 있지만 대개 대보름날 자정을 전후로 제관을 선출하여 풍요로움과 마을의 평안을 비는 마을 제사를 지낸다.

전남 해남 도둑잡이굿, 전남 완도 장보고당제, 전남 보성 벌교갯

부럼을 깨물 때 나는 소리에 잡귀가 달아난다고 믿었다.

제, 충남 연기 전의장승제, 전북 고창 오거리당산제, 경북 안동 도산 부인당제, 경북 안동 미령동별신제, 강원도 삼척 원덕 '남근제, 전북 김제 마현당제가 있다.

 대보름날 아침 일찍 일어나면 '부럼깬다' 하여 밤·호두·땅콩·잣·은행 등 견과류를 깨물며 한 해 열두 달 종기나 부스럼이 나지 않도록 빈다. 또 부럼을 깨물 때 나는 소리에 잡귀가 달아나고 이빨에 자극을 주어 치아가 건강해진다고 생각했다.

 '부럼깨기' 처럼 옛 사람들은 견과류를 잘 먹고 곡식이 주식이었기에 턱이 발달하여 얼굴이 네모났으며, 이 때문에 턱관절이 발달하고, 두뇌 발달에 도움을 주었다. 하지만 현대인들은 부드러운 음식을 주로 먹기 때문에 얼굴이 달걀형으로 바뀌고, 턱관절 빠지는 사

6. 더불어 살기 위한 명절 세시풍속   201

람이 늘고 있다 한다.

또 아침 일찍 일어나 사람을 보면 상대방 이름을 부르며 "내 더위 사려!" 한다. 이름을 불린 사람이 그걸 알면 "먼저 더위!"를 외친다. 이렇게 더위를 팔면 그 해 더위를 먹지 않는다는 믿음이 있었다.

한편 아침식사 후에는 소에게도 오곡밥과 나물을 차려 주는데, 소가 오곡밥을 먼저 먹으면 풍년이 들고, 나물을 먼저 먹으면 흉년이 든다 했다.

아이들은 대보름날이 되면 '액연(厄鳶) 띄운다' 하여 연에다 '액(厄)' 혹은 '송액(送厄)' 등을 써서 연을 날리다가 해질 무렵에 연줄을 끊어 하늘로 날려 보냄으로써 액막이를 한다.

그리고 초저녁에 뒷동산에 올라가서 달맞이를 하는데 달의 모양, 크기, 출렁거림, 높낮이 등으로 한 해 농사를 점치기도 했다. 또 달집태우기는 대보름날 밤에 짚이나 솔가지 등을 모아 언덕이나 산 위에 쌓아 놓은 다음 소원을 쓴 종이를 매달고, 보름달이 떠오르기를 기다려 불을 지른다. 피어오르는 연기와 함께 달맞이를 하고, 쥐불놓이와 더불어 이웃마을과 횃불싸움을 하기도 한다.

볏가릿대 세우기는 보름 전날 짚을 묶어서 깃대 모양으로 만들고 그 안에 벼·기장·피·조의 이삭을 넣어 싸고, 목화도 장대 끝에 매달아 이를 집 곁에 세워 풍년을 기원하는 풍속이며, 복토 훔치기는 부잣집의 흙을 몰래 훔쳐다 자기 집 부뚜막에 발라 복을 기원한다. 용알뜨기는 대보름날 새벽에 제일 먼저 우물물을 길어 와 풍년과 운수대통을 기원하는 풍속이다.

또 곡식 안 내기는 경남지방의 풍속인데 농가에서는 새해에 자기

집 곡식을 팔거나 빌려 주지 않는다. 이는 이때 곡식을 내면 자기 재산이 남에게 가게 된다는 생각 때문이다.

대보름날은 점치는 풍속이 많다. 이 가운데 사발점은 대보름날 밤에 사발에 재를 담고 그 위에 여러 가지 곡식 씨앗을 담아 지붕 위에 올려놓은 다음, 이튿날 아침 씨앗들이 남아 있으면 풍년이 되고, 날아갔거나 떨어졌으면 흉년이 든다고 믿었다. 나무그림자점은 한 자 길이의 나무를 마당 가운데 세워 놓고 자정 무렵 그 나무 그림자의 길이로 농사의 풍흉을 점치는 풍속이다.

달붙이는 대보름 전날 저녁에 콩 12개에 12달 표시를 하여 수수깡 속에 넣고 묶어서 우물 속에 집어넣어 콩알이 붙는가 안 붙는가에 따라 농사의 풍흉을 점치며, 닭울음점은 대보름날 꼭두새벽에 첫 닭이 우는 소리를 기다려서 닭울음의 횟수로 농사의 풍흉을 점쳤다.

그리고 풍요다산을 기원하는 놀이로 줄다리기를 들 수 있다. 볏짚을 이용하여 암줄과 숫줄을 만든 뒤에 마을단위로 나뉘어 줄을 당기게 되는데, 암줄이 승리를 해야 풍년이 든다는 믿음이 있다.

이 밖에도 풍년을 기원하는 풍속으로 지신밟기가 있다. 지신밟기는 설날부터 대보름 무렵에 마을의 풍물패가 집집이 돌며 흥겹게 놀아주고 복을 빌어 준다. 지역에 따라서 마당밟기, 귀신이 나오지 못하도록 밟는 매귀(埋鬼), 동네에서 쓸 공동경비를 여러 사람이 다니면서 풍물을 치고 재주를 부리며 돈이나 곡식을 구하는 걸립(乞粒)이 있다.

정월대보름 놀이로는 나무쇠싸움(쇠머리 싸움), 놋다리밟기, 다리밟기, 봉죽놀이, 사자놀이, 들풀태우기, 고싸움놀이, 달집태우기, 당산옷입히기, 관원놀이(감영놀이), 농기세배 등도 있다.

　정월대보름은 신라 때부터 집안에 갇혀 사는 처녀들이 외출을 허락받는 날이었다. 즉 '탑돌이'를 위한 것이었는데 젊은 남녀가 탑을 돌다가 눈이 맞아 마음이 통하면 사랑을 나누는 그런 날이다. 탑돌이 중 마음에 드는 남정네를 만났지만 이루어지지 않아 마음의 상처를 간직한 채 울안에 갇혀 사는 처녀들의 상사병(相思病)을 '보름병'이라 했다.
　조선 세조 때 서울 원각사(圓覺寺) '탑돌이'는 풍기가 문란하여 금지령까지 내릴 정도였다. 이를 생각하면 젊은 남녀들이 서로 사랑을 확인하려고 은행알을 선물로 주고받거나 몰래 은행을 나누어 먹었으며, 날이 어두워지면 동구 밖에 있는 수나무 암나무를 도는 사랑놀이로 정을 다지기도 했던 경칩, 시집가는 날 신랑 신부가 같이 입을 댈 표주박을 심고, 반달 모양의 짝떡을 먹으며 마음 맞는 짝과 결혼하게 해 달라고 빌던 칠월칠석과 함께 정월대보름은 우리의 '토종 연인의 날'로 불러도 좋을 것이다.

　이제는 잊혀져 가고 있지만 정월대보름에 식구들과 함께 달맞이를 하고 서로 행복을 빌어 보면 얼마나 좋겠는가? 김재진 시인은 〈어머니〉란 시에서 대보름을 세상의 섧븐 사람들이 다 모여 힘껏 달불 돌리는 날이라 했다. 고통받는 이웃들도 함께 달불 돌리며 웃는 그런 날이면 좋겠다.

어머니,
세상의 아픈 사람들 다 모여 불러보는
이름입니다.
세상의 섧븐 사람들 다 모여 힘껏 달불 돌리는
어머니,
대보름입니다.

― 김재진의 〈어머니〉

양기 왕성한 날, 단오엔 부채를 선물하자

장장채승(長長彩繩, 오색의 비단실로 꼰 긴 동아줄) 그넷줄 휘느러진 벽도(碧桃, 선경에 있다는 전설상의 복숭아)까지 휘휘 칭칭 감어 매고 섬섬옥수(纖纖玉手) 번듯 들어 양 그넷줄을 갈라 잡고 선뜻 올라 발 굴러 한 번을 툭 구르니 앞이 번 듯 높았네. 두 번을 구르니 뒤가 점점 멀었다. 머리 위에 푸른 버들은 올을 따라서 흔들 발밑에 나는 티끌은 바람을 쫓아서 일어나고 해당화 그늘 속의 이리 가고 저리 갈제.

이 구절은 판소리 〈춘향가〉 중에서 춘향이가 그네 타는 장면인데, 그네뛰기는 단옷날의 대표적인 민속놀이다. 우리 민족은 예부터 설날, 한식, 추석과 함께 단오를 명절로 즐겼지만 이제 그 명맥이 끊어질 위기에 놓였다. 오히려 크리스마스나 밸런타인데이 등이 새로운 명절이 되어 버렸다. 이제라도 단오를 우리 명절로 새롭게 즐길 수는 없을까?

단오의 이름과 유래

단오는 단오절, 단옷날, 천중절(天中節), 포절(蒲節, 창포의 날), 단양(端陽), 중오절(重午節, 重五節)이라 부르기도 하며, 우리말로는 수릿날이라 한다. 단오의 '단(端)' 자는 첫 번째를, '오(午)'는 다섯으로 단오는 '초닷새'를 뜻한다.

중오는 오(五)의 수가 겹치는 음력 5월 5일을 말하는데, 우리 겨레는 이 날을 양기가 왕성한 날이라 생각했다. 음양사상에 따르면 홀수를 '양(陽)의 수', 짝수를 '음(陰)의 수'라 하여 '양의 수'를 길수(吉數), 곧 좋은 수로 여겼다. 따라서 이 양의 수가 중복된 날은 명절로서 단오와 함께 설(1월 1일), 삼짇날(3월 3일), 칠석(7월 7일), 중양절(9월 9일)이 있다.

《동국세시기》 5월조 기록을 보면 수릿날은 쑥떡을 해 먹는데 쑥떡 모양이 수레바퀴 같다 하여 '수리'라 했다 한다. 또 수리란 고(高)·상(上)·신(神) 등을 의미하는 고어(古語)로 '신의 날', '최고의 날'이란 뜻이며, 모함을 받은 중국 초(楚)나라 굴원(屈原)이 지조를 보이려고 수뢰(水瀨, 급류)에 빠져 죽어 이 날 제사를 지냈다 하여 수릿날이라 부르게 되었다는 설도 있다.

단오 세시풍속, 창포물에 머리감고 부채 선물하기

단옷날 부녀자들은 '단오장(端午粧)'이라 하여 창포뿌리로 비녀로 만들어 머리에 꽂아 두통과 재액(災厄)을 막고, 창포 삶은 물에 머

부채(mostky님 블로그)

리를 감아 윤기를 냈다. 또 단옷날 새벽 상추잎에 맺힌 이슬에 분을 개어 얼굴에 바르면 버짐이 피지 않고 피부가 고와진다고 했다. 남자들은 단옷날 창포 뿌리를 허리에 차고 다니는데, '귀신을 물리친다' 고 믿었다.

단옷날 중에서도 오전 11시~오후 1시인 오시(午時)가 가장 양기가 왕성한 시각으로 농가에서는 약쑥, 익모초, 찔레꽃 등을 따서 말려 둔다. 오시에 뜯은 약쑥을 다발로 묶어서 대문 옆에 세워 두면 재액을 물리친다 했다. 그리고 창포주 등의 약주를 마셔 재액을 예방하려 하였다.

조선 풍속에는 단옷날에 임금을 가까이 모시던 신하들이 시를 기록한 단오첩(端午帖)을 써서 대궐 기둥에 붙이는 것도 있다. 그리고 해마다 이 날 공조(工曹)에서 부채를 만들어 임금께 올리고 이 부채를 신하들에게 나눠 주었다. 더위 타지 말고 건강하라는 뜻이 담겨 있다.

우리나라 부채는 크게 나누어 접었다 폈다 하는 접부채와 비단이나 종이 따위로 둥글게 만든 둥글부채(일명 방구부채) 두 가지가 있다. 부채를 받은 이는 거기에다 금강산 일만이천 봉을 그리기도 하고 복숭아꽃, 나비, 연꽃, 백로 따위를 그려 넣었다. 부채를 생산하는 각 읍의 수령도 이처럼 궁중에 진상하고 서울 각처에 선물하는 풍속이 있었으니, 그 중에서도 전주, 남평과 나주에서 만든 것을 가장 좋은 것으로 쳐주었다.

부채 종류는 꼭지를 중의 머리처럼 동그랗게 만든 승두선(僧頭扇), 얇게 깎은 겉대를 맞붙여서 살을 만들었고, 접었다 폈다 할 수 있는 합죽선(合竹扇), 무늬 있는 대나무로 살을 만든 반죽선(斑竹扇), 마디 있는 대나무로 살을 만든 죽절선(竹節扇), 태극 모양을 그린 둥근 부채 태극선(太極扇), 둥근 바닥을 ×자형으로 나누어 위와 아래는 붉은색, 왼쪽은 노란색, 오른쪽은 파란색을 칠하고 가운데는 태극무늬를 넣는 까치선 등 여러 가지가 있다.

부채는 보통 여름에 사용하는 것이나, 혼례 때에는 어느 계절이고 얼굴 가리개로 사용하였다. 신랑은 파랑색, 신부는 붉은색, 상을 당한 사람은 흰색, 그 외 빛깔은 일반 남녀, 어린이가 사용한다. 예전에는 단오에 부채를 선물하는 것이 관례였는데 청년에게는 푸른 부채를, 노인이나 상제에게는 흰 부채를 주었다. 그리고 임금은 신하들에게 자연 경치, 꽃, 새 등을 그린 부채를 선물했다.

또 '대추나무 시집보내기'를 하는데 단옷날 정오에 대추나무 가지를 치거나 가지 사이에 돌을 끼워 놓아 더 많은 열매가 열리기를 기원하는 풍습이 있었다. 그리고 쑥-호랑이(애호, 艾虎) 풍속이 있었는데 여자들이 쑥, 대쪽, 헝겊 따위로 호랑이 형상을 만들어 단옷날 머리에 이면 재액을 물리친다 했다.

단오 시절음식, 수리떡 · 앵두화채 · 제호탕

단오 이후는 장마가 시작되면서 습기가 많아 병이 생기거나 여러 가지 액(厄)이 생기므로 이를 피하기 위한 풍속이 많았다. 곧 음식을 장만하여 창포가 무성한 물가에서 물맞이 놀이를 하며 액땜을 했고, 잡귀가 침범하지 못하도록 탈놀이를 했다.

그런데 단오 액땜 풍속에 빼놓을 수 없는 것이 음식이다. 수리취떡(수리떡), 앵두화채, 제호탕 등 단오 무렵 즐겨 먹던 음식에는 마음과 몸의 건강을 동시에 생각한 지혜가 담겨 있다.

단옷날 대표적인 시절음식은 수리떡과 약떡이다. 《동국세시기》에 보면 "이 날은 쑥잎을 따다가 찌고 멥쌀가루 속에 넣어 반죽을 하면 초록색이 나는데 이것으로 떡을 만든다. 그리고 수레바퀴 모양의 무늬를 찍어 빚는다"는 풍속이 전한다. 이것이 바로 수리떡이다. 다른 말로는 '수리취 절편' 또는 '차륜병(車輪餠)'이라 한다.

약떡은 전라남도 지역에서 전하는 시절음식이다. 5월 4일 밤이슬을 맞혀 두었던 여러 가지 풀을 가지고 단옷날 아침에 떡을 해 먹으며, 이를 약떡이라 한다.

단오의 제철 과실에는 앵두, 오디, 산딸기가 있다. 앵두는 한방에서 위를 보호하고 피를 맑게 하는 효능이 있으며, 단오 무렵 무더위로 허덕일 때 입맛을 돋우는 음식 재료로 쓰인다. 앵두로 만든 화채는 앵두 씨를 빼고 꿀에 재었다가 다시 꿀물에 넣은 것이다.

또 제호탕(醍醐湯)이 있는데, 이것은 주로 궁중에서 마시던 귀한 음료다. 덜 익은 매실을 짚불 연기에 그을려 말린 오매(烏梅)가 주재료다. 오매를 잘게 빻아 끓는 물에 가루를 넣어 마시거나 아예 꿀에 버무려 냉수에 타서 들이키면 새콤한 맛이 난다.

준치만두는 바로 '썩어도 준치'라는 말의 그 준치를 가지고 만든다. 옛날에는 단오 무렵 준칫국을 많이 끓여 먹었다는데 생선을 싫어하는 아이들의 영양식으로 좋다. 갖은 양념을 하여 재워 둔 준치 살과 쇠고기를 두부, 오이와 함께 밀가루와 녹말가루를 입혀 삶아서 초장에 찍어 먹어도 좋고, 장국에 넣어 먹으면 훌륭한 여름철 보양식이 된다.

단오 민속놀이, 그네와 씨름

단오의 대표적인 놀이는 그네뛰기와 씨름이다. 그네뛰기는 고려시대에 우리나라에 들어온 듯하다. 조선 후기 화가 신윤복의 〈단오풍정(端午風情)〉에 부녀자들이 그네 뛰는 모습이 그려져 있다. 그네뛰기를 큰 행사로 할 때는 통나무를 양쪽에 세우고 그 위에 통나무를 가로질러 묶은 다음 그넷줄을 메는 '땅그네'로 했다. 종목은 '높이뛰기', 그네 앞에 장대를 세우고, 장대에 방울을 달아놓아 발로 차도록 하는 '방울차기', 두 사람이 마주 올라타고 뛰는 '쌍그네뛰기'가 있다.

씨름은 몽고, 중국, 일본은 물론 서양에도 있는데 이름이 비슷한 것으로 보아 중국이나 몽고에서 들어온 듯하다. 다른 설로 '씨'는 남자의 성씨 밑에 붙는 존칭어이고, '름'은 '겨룸'의 '룸'에서 왔다고 하며, 경상도 지방에서 서로 버티고 힘을 겨루는 것을 '씨룬다'고 하는데 이것이 명사화되었다는 설도 있다.

중국 연변조선족자치주의 한 마을에서 그네 뛰는 풍경

씨름 종류는 왼씨름, 오른씨름, 띠씨름 세 가지가 있다. 오른손으로 상대방의 허리를 쥐고 왼손으로 상대방의 샅바를 잡는데 이것을 바른씨름(오른씨름)이라 하며, 경기도와 전라도 지방에서 주로 했다. 손잡는 것이 반대인 것을 왼씨름이라 하는데 함경, 평안, 황해, 강원, 경상도 등에서 했고, 띠씨름은 허리에다 띠를 매어 서로 잡고 하는 씨름인데 '허리씨름' 또는 '통씨름'이라 하며 주로 충청도에서 했다.

이렇게 따로 치르던 씨름은 1931년 제2회 전조선씨름대회부터 '왼씨름' 한 가지로 통일되었다. 따라서 현재 대한씨름협회가 주관하는 모든 씨름 경기와 각 학교에서 가르치는 씨름은 '왼씨름'이다.

씨름 기술은 크게 공격기술과 방어기술이 있는데 둘러메어 바닥에 내리치는 '메치기'와 상대방이 기술을 걸어왔을 때 움직임을 그대로 되받아 메치는 '되치기'로 나눈다. 씨름판은 주로 백사장에서 이루어지며, 우승자에게 상으로 황소를 주는 것이 관례다.

우리나라는 예부터 단오절에 '단오제'나 '단오굿' 행사를 했다. 그러던 것이 조선총독부의 문화말살정책과 대한제국 이후 신파연극이나 영화 등에 밀려 현재는 거의 사라졌다. 강원도 강릉지방의 강릉단오굿, 법성포 단오제 등이 겨우 명맥을 잇고 있다. 다만 북한은 해마다 단오를 민속명절이라 하여 휴식일로 정하고 하루를 쉬게 하고 있다 한다.

이젠 단오란 말도 서서히 잊혀져 가고 단오 행사도 맥이 끊기고 있지만, 단오가 갖는 의미를 다시 한 번 되새겨 보자. 다가오는 덥고 습한 여름을 건강하게 나려면 선조들의 슬기를 배울 필요가 있다. 이제 가까운 이들에게 부채를 선물하며 정을 나누고, 에너지도 절약하는 슬기로움을 실천해 보자. 단오를 지내는 것은 스스로 삶을 행복하게 만들어 가는 일이다.

유두, 불편했던 이웃과 함께 웃는 날

우리 겨레의 4대 명절은 설날, 단오, 한식, 한가위를 말한다. 이 밖에도 정월대보름, 초파일, 유두, 백중, 동지도 명절로 지냈다.

하지만 이제 음력 6월 15일 유두(流頭)와 음력 7월 15일 백중(百中)이 무엇인지, 어느 날인지 잘 알지 못한다. 유두에 유두국수를 먹고, 동쪽으로 흐르는 물에 머리를 감고, 유두천신에게 제사를 지내는 세시풍속은 아쉽게도 거의 사라져 버렸다.

유두는 물맞이하는 날

유두는 '동류두목욕(東流頭沐浴)'의 준말이다. 이것은 신라 때부터 있었던 풍속이며, 동방의 원기가 가장 왕성한 동쪽으로 흐르는 물에 머리를 감는다는 뜻이다. 이렇게 머리를 감고 목욕을 하면 액을 쫓고 여름에 더위를 먹지 않는다는 믿음이 있었다.

신라 때는 유두를 이두문자로 '소두(머리 빗다)', '수두'라 썼다. 수두란 머리의 옛말 마리를 써서 '물마리'라는 말인데, '물맞이'라는 뜻이다. 요즘도 신라의 옛 땅인 경상도에서는 유두를 '물맞이'라 부른다. 유두는 폭포에서 떨어지는 물을 맞았다는 말에서 유래하였다고 본다.

유두에 관한 기록을 보면 신라 때부터 명절로 지낸 것으로 짐작된다. 13세기 고려 희종(熙宗) 때 학자 김극기의《김거사집(金居士集)》에 "동도(東都), 곧 경주의 풍속에 6월 15일 동쪽으로 흐르는 물에 머리를 감아 액(厄)을 떨어버리고 술 마시고 놀면서 유두잔치를 한다"는 기록이 있다.

근대에 보면 최남선의《조선상식(朝鮮常識)》풍속편에 여자들의 물맞이 장소로 서울 정릉계곡, 광주 무등산 물통폭포, 제주도 한라산 성판봉폭포 따위를 꼽았다.

이승만의《풍류세시기》에는 그밖에 소나무숲과 물이 좋은 악박골, 사직단이 있는 활터 황학정 부근과 낙산 밑이 좋은 곳이라 했다. 이렇게 근대까지도 유두는 분명 우리 명절이었다.

유두 시절음식, 유두국수와 수단

유두의 대표적인 풍속은 '유두천신(流頭薦新)'이다. 이는 유두날 아침 유두면, 상화떡, 연병, 수단(水團), 건단(乾團)과 피, 조, 벼, 콩 따위의 여러 가지 곡식을 참외나 오이, 수박 등과 함께 사당에 올리고 제사를 지내는 것을 말한다. 옛날에는 새 과일이 나도 먼저 조상에게 올린 다음 먹었다.

농촌에서는 밀가루로 떡을 만들고 참외나 기다란 생선으로 음식을 장만하여 논의 물꼬와 밭 가운데에 차려놓고 농사신에게 풍년을 비는 고사를 지냈다. 그리고 논밭에 음식물을 묻은 다음 제사를 마쳤다.

선비들은 이 날 술과 고기를 장만하여 계곡이나 정자를 찾아가서 시를 읊으며 하루를 즐기는 '유두연(流頭宴)'을 했다.

유두의 대표 음식은 뭐니 뭐니 해도 '유두국수'다. 유두국수는 햇밀로 국수를 만들어 닭국물에 말아먹는데, 수명이 길어진다고 믿었다. 그리고 유두국수를 참밀 누룩으로 만들면 '유둣국'이라 하였고, 구슬 같은 모양으로 만들어 오색으로 물들인 후 세 개씩 포개어 색실에 꿰어 몸에 차거나 문에 매달면 액을 막는다 했다.

또 찹쌀과 밀가루로 흰떡처럼 빚어서 냉수에 헹구어 물기가 마르기 전에 꿀물에 넣고 실백잣을 띄운 수단(水團), 밀가루 반죽을 얇게 밀어 호박이나 오이 채 썬 것을 넉넉히 넣고 찌거나 차가운 장국에 띄워 먹는 편수, 밀전병을 얇게 부쳐서 오이, 버섯, 고기 등을 가늘게 채썰어 볶아 넣거나 깨를 꿀에 버무려 넣는 밀쌈도 먹는다. 밀가루를 누룩이나 막걸리로 반죽하여 부풀려 꿀팥으로 만든 소를 넣고 빚어 시루에 찐 '상화떡(霜花餠)', 꿀물에 담그지 않고 그냥 먹는 경단 같은 떡 건단(乾團)도 먹는다.

그 밖에도 미만두와 구절판이 유두 때 초여름 음식들이다. 미만두는 더운 계절에 먹는 만두로 해삼 모양으로 빚어 찌거나, 냉국에 띄워 먹는데 궁궐에서는 규아상이라 불렀다. 구절판은 아홉 칸으로 나눈 그릇에 각각 밀쌈 음식을 담아 내는 것이다.

유두는 불편한 이웃과 같이 웃는 날

우리 선조들은 특정한 날에는 반드시 비가 내린다고 생각했다. 즉 음력 5월 10일은 꼭 비가 내리는데, 이는 태종임금의 비, 즉 '태종우'로 풍년이 든다고 믿었다. 제주도에서는 7월 1일, 이곳에 유배되어 가시울타리 속에서 죽은 광해군의 한이 맺혀 비가 내린다고 한다. 칠석날에는 견우직녀의 비가 내리고, 삼복에 내리는 비를 '삼복우', 음력 6월 29일 진주지방에 내리는 비를 '남강우'라 한다.

이처럼 유두에도 비가 온다고 하는데, 비가 내리면 연 사흘을 내린다. 유두날은 늘 집안에 갇혀 살아야 했던 부녀자에게 나들이가 허락되는 날인데, 비가 내려 외출을 못하면 나들이를 못한 여자들의 한이 커져서 사흘이나 비가 내린다고 여겼다.

또 유두에는 식구, 친지나 일을 같이 할 사람과 동쪽으로 흐르는 맑은 물을 찾아가 머리를 씻고 술을 들려 마심으로써 공동체임을 확인한다. 그래서 이 풍속을 다산 정약용은 '계'의 뿌리로 보고 있다.

특히 유두는 식구나 친지뿐만 아니라 불편한 이웃과 갈등을 깨끗이 풀고 하나가 되는 아름다운 명절이다. 평소 미워하던 사람과 같이 머리를 감으면서 마음을 나누는 것이다. 이제 현대인들이 유두를 명절로 지내지는 않더라도 이 날의 의미를 새기며 불편한 이웃과 웃을 수 있는 하루를 만들면 얼마나 좋겠는가.

복날은 탁족·회음·복달임 하는 날

외팔로 대금을 부는 스님이 있다. 교통사고로 오른쪽 팔을 잃은 뒤 외팔로 연주하는 대금을 만들고 연주법도 개발했다. 그야말로 인간 승리다. 스님이 한여름에 전화를 했다.

"새해 복 많이 받으십시오!"

"스님, 웬 새해예요?"

"늘 새해처럼 사시라는 뜻으로 드린 말씀입니다."

8월에 새해처럼 생각하라? 그럼 여름날 복더위에 한겨울 눈보라를 연상하면 어떻게 될까? 순간적으로 떠오른 생각이다.

초복·중복·말복의 삼복은 한 해 가운데 가장 무더운 때다. 이런 복날 그저 에어컨 바람에 쩔쩔 맬 일이 아니라 우리 조상들이 어떤 방법으로 여름을 견뎌냈는지 살펴보자.

복날, 양기에 눌려 음기가 바닥에 엎드려 있는 날

음력 6월에서 7월 사이에는 속절(俗節)이 들어 있다. 삼복(三伏)이다. 하지 뒤 셋째 경일(庚日, 갑·을·병·정·무·기·경·신·임·계의 일곱 번째 날)을 초복, 넷째 경일(庚日)을 중복, 입추 후 첫 경일(庚日)을 말복이라 하여, 이를 삼경일(三庚日) 혹은 삼복이라 한다.

복날은 10일 간격으로 오기 때문에 초복과 말복까지는 20일이 걸린다. 그러나 해에 따라서 중복과 말복 사이가 20일 간격이 되기도 하는데 월복(越伏)이라 하고, 삼복은 한 해 가운데 가장 더운 기간으로 이를 '삼복더위'라 한다.

광해군 6년(1614) 이수광이 펴낸 《지봉유설(芝峰類說)》을 보면 복날을 '양기에 눌려 음기가 바닥에 엎드려 있는 날'이라 함으로써 사람들이 더위에 지쳐 있을 때라 하였다.

'음양오행'에 따르면 여름철은 '화(火)'의 기운, 기을철은 '금(金)'의 기운이다. 그런데 가을의 '금' 기운이 땅으로 나오려다가 아직 '화'의 기운이 강렬하므로 일어서지 못하고 엎드려 복종하는 때다. 그래서 엎드릴 '복(伏)'자를 써서 초복·중복·말복이라 한다.

수많은 별 중에서 가장 밝은 별은 큰개자리의 시리우스(Sirius)로, 동양에서는 천랑성(天狼星)이라 부른다. 이 별은 삼복(三伏) 기간이 되면 해와 함께 떠서 함께 진다. 그래서 서양 사람들은 삼복 때 태양의 열기에 별 중에서 가장 밝은 시리우스의 열기가 보태졌기 때문에 가장 더운 때라고 생각해서 이때를 '개의 날(dog's day)'이라 부른다.

뜨거운 여름날 옹기분수가 시원한 물을 뿜고 있다.

로마 시대에는 이 별을 농가의 충실한 개에 비유하여 개별이라 불렀다. 따라서 개의 날(dog's day)에는 개를 잡아 제사를 지내 별을 달랬다고 전해진다.

복날 강에서 목욕을 하면 몸이 여윈다

옛 사람들은 삼복에 '복놀이'라는 것을 했는데 물에 발을 담그는 탁족(濯足), 모여서 술을 마시는 회음(會飮), 더위를 물리치려고 개고깃국을 끓여 먹는 복달임이 그것이다.

삼복 풍속은 더운 여름철을 극복하는 방편으로 먹고 마실 것을 마련해서 계곡이나 산을 찾아 더위를 잊고 하루를 즐기는 여유를 지녔다. 아이들과 부녀자들은 여름 과일을 즐기고, 어른들은 술, 음식과 함께 탁족을 하면서 하루를 즐긴다. 한편 해안 지방에서는 바닷가 백사장에서 모래찜질을 하며 더위를 이겨내기도 했다.

조선시대 궁중에서는 더위를 이겨내라는 뜻으로 높은 벼슬아치들에게 빙표(얼음표)를 주어 얼음을 보관해 두는 장빙고(藏氷庫)에 가서 얼음을 타 가게 했다.

이경윤의 고사탁족도(高士濯足圖)

또 "복날에 강에서 목욕을 하면 몸이 여윈다"는 말이 있다. 이 때문에 복날에는 아무리 더워도 목욕을 하지 않는다. 하지만 초복에 목욕을 하였다면 중복과 말복에도 목욕을 해야 하는데, 이것은 복날마다 목욕을 해야만 몸이 여위지 않는다고 믿었기 때문이다.

복날에는 벼가 한 살씩 먹는다 한다. 벼는 하나의 줄기에 마디가 세 개씩 있는데 복날마다 하나씩 생기며, 이 마디가 세 개가 되어야 비로소 이삭이 패게 된다. 예부터 이 날은 음양오행상 금(金)이 화(火)에 굴복당하는 것이 흉하다 하여 복날을 흉일(凶日)이라 하고 혼인, 먼 여행, 힘든 농사나 일 등 큰일을 피했다.

복날 먹는 음식

예전에는 복날에 복달임이라 하여 개고깃국을 끓여 먹였다. 이것은 삼복더위를 이겨내는 대표적인 시절음식으로 개장, 구장(狗醬), 구탕(狗湯) 등으로 불렸다. 복(伏) 자가 사람 인(人) 변에 개 견(犬) 자를 쓴 것에서 알 수 있듯이, 복날 개를 삶아 먹는 것은 더위를 잊는 것뿐만 아니라 보신(補身)과 액(厄)을 물리치는 일까지 곁들여 있다.

허준의 《동의보감》에는 "개고기는 오장을 편안하게 하며 혈맥을 조절하고, 장과 위를 튼튼하게 하며, 골수를 충족시켜 허리와 무릎을 따뜻하게 하고, 기력을 증진시킨다"는 기록이 있다.

또 《열양세시기(洌陽歲時記)》에 "복날에 개장국을 끓여 양기를 북돋운다"는 기록이 있고, 《동국세시기》에는 "개장국을 먹으면서 땀을 내면 더위를 물리쳐 허한 것을 보한다" 했다. 그런가 하면 〈농가월령가〉에는 털 빛깔이 누런 황구(黃狗) 고기가 사람을 보한다 하여 황구를 최고품으로 여겼다.

또 조선시대 요리서 《음식지미방(飮食知味方)》에는 개장, 개장국 누르미, 개장고지누르미, 개장찜, 누런 개 삶는 법, 개장 고는 법 등 전통 요리법이 자세하게 기록되어 있다. 이러한 문헌들을 통해서 볼 때 개장국은 우리 민족이 건강식으로 널리 즐겼음을 알 수 있다.

또 복날 음식으로 삼계탕(蔘鷄湯)을 즐겨 먹었다. 삼계탕은 햇병아리를 잡아 인삼과 대추, 찹쌀 등을 넣고 곤 것으로 원기를 회복하는 데 도움을 준다.

여름철 먹거리 중 냉면은 땅이 척박해 쌀농사보다 메밀이나 감자

농사가 잘 되던 북쪽지방에서 발달했다. 냉면은 변비를 없애 주며, 고혈압과 동맥경화에 좋고, 성인병 예방에도 도움이 된다. 냉면을 먹을 때 치는 식초는 녹말이나 육류를 먹으면 생기는 유산을 분해해 피로회복을 도와 주며, 여름철에 생기기 쉬운 세균 번식을 막아 준다. 이 식초 사용은 찬 음식인 냉면에 따뜻하게 해 주는 겨자를 넣는 것과 함께 우리 겨레의 슬기로움이다.

그 밖에 더위를 견디는 데 좋은 음식으로 임자수탕, 용봉탕, 육개장 등이 있다. 임자수탕의 '임자(荏子)'는 참깨를 가리키는 말로, 깨를 불려 소화가 잘 안 되는 껍질은 벗겨내고 볶아서 곱게 갈아 체에 받친 뽀얀 깻국물에 영계를 푹 삶아 낸 국물을 섞어 차게 먹는 냉탕이다.

용봉탕의 '용봉(龍鳳)'은 상상의 동물인 용과 봉황을 말하는데, 실제는 용 대신 잉어나 자라를, 봉황 대신 닭을 쓴다. 잉어는 민물고기의 임금으로 폭포를 거슬러 오를 만큼 왕성한 생명력이 있어 스태미나 식으로도 유명하다. 주재료인 잉어와 닭은 영양면에서도 뛰어나고, 궁합이 아주 잘 맞는 음식이다.

그리고 팥죽을 쑤어 먹으면 더위를 먹지 않고 질병에도 걸리지 않는다 하여 초복에서 말복까지 먹는 풍속이 있다. 국수를 아욱과에 딸린 한해살이풀인 어저귓국에 말아먹거나 미역국에 익혀 먹기도 하고, 호박전을 부쳐 먹거나 호박과 돼지고기에다 흰떡을 썰어 넣어 볶아 먹기도 하는데, 모두 여름철에 먹는 소박한 음식들이다.

하지만 아무리 좋은 음식이라도 아무에게나 좋은 것은 아니며, 자신의 체질에 맞아야 하다. 또 보양식을 마치 정력제처럼 생각하는 것도 무리가 있다.

우리 조상들은 수박화채에다 소금을 뿌려 먹었으며, 복숭아에 소금을 쳐서 끓여 받친 즙으로 지은 반도반(蟠桃飯)을 먹었다. 이렇게 소금을 사용한 것은 지나친 체열 손실과 땀의 과잉 분비로 인한 나트륨 손실 등을 막기 위한 것이다.

또 여름엔 땀으로 체내 질소가 다량 배설되므로 단백질 보충이 필요한데, 콩국수는 이에 적당한 음식이다. 한편 청량음료의 남용으로 식욕이 떨어지고 소화가 잘 안 되기도 하는데, 이때는 식초가 도움이 된다. 식초는 산성화 체질을 예방해 주며, 여름철 식중독도 막아 주고, 물갈이로 말미암은 배탈 설사도 예방해 주거나 치료해 주는 역할까지 해 준다.

이열치열과 등거리, 그리고 죽부인

여름에는 시원한 것보다는 '이열치열(以熱治熱)'을 더 많이 활용했다. 복날이면 뜨거운 삼계탕 등으로 몸보신을 했고, 양반들까지 팔을 걷어붙이고 김매기를 돕기도 했다. 무더운 여름에 이열치열로 땀에 범벅이 되고, 뜨거운 음식을 먹고, 일을 하는 까닭은 무엇일까?

여름철이면 사람 몸은 외부의 높은 기온 때문에 체온이 올라가는 것을 막도록 피부 근처에 다른 계절보다 20~30% 많은 양의 피가 모이게 된다. 이에 따라 체내 위장을 비롯하여 여러 장기는 피가 부족해지고 몸 안의 온도가 떨어지는데, 이렇게 되면 식욕이 떨어지면서 만성피로 등 여름 타는 증세가 나타나기 쉽다.

이때 덥다고 차가운 음식만 먹게 되면 배나 장기가 더욱 차가워져 건강이 나빠진다. 그래서 따뜻한 음식을 먹어 장기를 보호해 주는 슬기로움이 이열치열이다. 냉면을 먹을 때에도 따뜻한 성질을 가진 겨자 등을 넣어 먹으며, 여름철 찬물을 한꺼번에 너무 많이 먹으면 배탈이 난다고 삼갔다.

또 이와는 반대로 찬 성질의 자연재료를 이용하여 여름을 나기도 한다. 더운 여름밤은 열대야로 잠을 설치고, 이부자리가 땀으로 축축해지기 일쑤다. 이럴 때 가장 좋은 것이 대나무로 만든 대자리와 죽부인이다. 예부터 '대'는 "서늘한 기운을 전해 준다" 하여 여름에 가장 많이 쓰이는 친숙한 존재였다. 70년대 여인네들이 대자리 위에 누워 죽부인을 끌어안고 잠을 청하는 것이 유행하자 죽부인 대신 '죽남인'이라는 별명을 얻기도 했다.

그럼, 옷에서의 여름나기는 어떠했을까? 여름철 옷 소재로 가장 많이 쓰는 것은 대마(삼베), 아마(린넨), 저마(모시) 따위다.

마는 바람이 잘 통하고, 물을 잘 빨아들이며, 항균 성분을 가지고 있다. 또 마는 구김이 잘 가고 약간 거칠기는 하지만 시원하고 실용적이며 침대 매트, 이불, 테이블보 등으로 다양하게 쓰인다. 모시는 입었을 때 단정하고 우아한 멋이 묻어나 한복감으로 많이 사용된다. 또 땀이 차지 않도록 적삼 안에 등나무로 엮은 조끼 등거리를 입기도 했다.

더울 때는 그대 자신이 더위가 되라!

한방에서는 더위 먹는 것을 '서병(暑病)'이라 한다. 《동의보감》에서 말하는 서병 증상은 답답증이 나며 숨이 차고 쉰 목소리가 난다. 그러다 답답증이 멎으면 말이 많아지고, 몸에 열이 나며, 가슴속이 몹시 답답하면서 갈증이 심해진다. 또 머리가 아프고, 땀이 많이 나며, 나른하고, 기운이 없는 것은 물론 간혹 하혈·황달·반진 증세가 있기도 한다.

《동의보감》에는 더위에 상하지 않는 법도 쓰여 있다. 먼저 신장의 기운을 보해 주고, 찬 음식 특히 얼음물과 찬 과일을 지나치게 먹지 말라고 권한다. 정신을 너무 쓰지 말 것도 주문한다. 지나친 성생활과 음주도 금한다.

참고로 더위를 이기는 한방차들을 보면 더위를 많이 타는 사람은 생맥산차, 땀이 많은 사람은 황기차, 원기회복에는 대추차가 좋다. 또 식욕이 떨어진 사람은 진피차가 좋은데 진피(陳皮)는 말린 귤껍질로 농약을 치지 않은 것이어야 한다.

9세기 동산양개(洞山良价) 선사는 제자가 "스님, 몹시 더울 때는 어떻게 해야 더위를 피할 수 있겠습니까?" 하고 묻자, "더울 때는 그대 자신이 더위가 되어라" 하고 대답했다. 모든 상황을 있는 그대로 받아들일 줄 아는 마음가짐을 강조한 것이다.

또 법정 스님은 "더위가 귀찮고 짜증스럽기 하지만 그 더위 덕분에 곡식이 자라 우리가 소중한 양식을 얻을 수 있다. 또 여름이 있어 가을이 있고 겨울이 있다. 지금 이 찌는 듯한 더위도 대자연의 순환 속에 자연스레 사라질 것이다"라고 했다. 더위가 극성이지만 다 우리가 살아가는 자연의 이치이며, 한 때임을 강조하고 있다.

삼복기간에는 더위와 싸우며 건강에 더욱 신경써야 한다. 특히 우리가 이열치열을 즐겼듯이 차가움만으로 해결하지 말고, 더위를 피하는 것이 아니라 극복하는 슬기로움을 지니고 살았으면 좋겠다. 몸에도 안 좋고 환경을 파괴하는 에어컨 바람보다는 주변에 부채를 선물하면 어떨까?

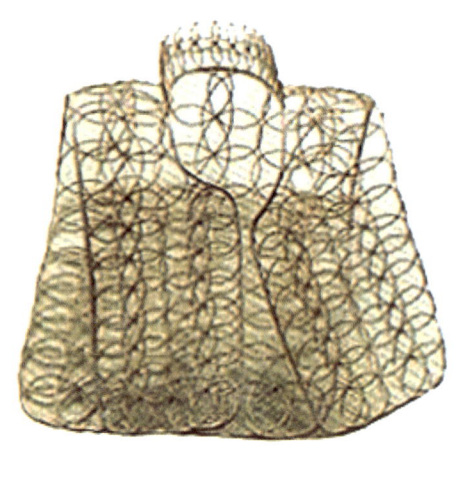

등거리와 죽부인

　더위에 많은 사람이 지쳐 있다. 하지만 우리 조상들은 더위를 슬기롭게 극복하는 비방을 알려 주고 있다. 냉방병에 걸려 고생하기보다 우리 민족문화에 담긴 슬기로움을 찾아내어 현명한 여름나기를 해보자. 복날을 잘 견디면 곧 더위를 처분하는 처서가 오게 되고, 드디어 높은 가을하늘을 만나게 된다.

한가위 전날 발가벗고 '밭고랑기기' 하는 아이들

뉴욕에서 보는 추석 달 속에
코스모스 무리지어 핀
고향 철길 있네
장독대 뒤에 꽈리 한 타래
가을볕에 익어 있네

가난이 따뜻하고 아름답던
성묘 길 소슬바람 송편 향기
마천루 달 속에서 물씬거리네.

― 김정기의 〈추석 달〉

우리 명절 중에서 '한가위'는 가장 큰 명절이다.《열양세시기》에 있는 '더도 덜도 말고 늘 가윗날만 같아라!'는 말처럼, 한가위는 햇곡식과 과일이 풍성한 절기로 '5월 농부, 8월 신선'이라는 말이 실감 날 정도다. 이 한가위의 유래는 무엇일까?

신라, '강강술래'와 '회소곡'을 부르며 놀았다

한가위는 음력 8월 보름날로 추석, 가배절, 중추절, 가위, 가윗날 등으로 불린다.

'한가위'라는 말은 '크다'는 뜻의 '한'과 '가운데'라는 뜻의 '가위'라는 말이 합쳐진 것으로 8월 한가운데 있는 큰 날이라는 뜻이다. 또 '가위'라는 말은 신라 때 길쌈놀이(베짜기)인 '가배'에서 유래한 것인데,《삼국사기》의 기록에서 찾아볼 수 있다.

"신라 유리왕 9년에 국내 6부의 부녀자들을 두 편으로 갈라 두 왕녀로 하여금 그들을 이끌어 음력 열엿새 날인 7월 기망(旣望)부터 길쌈을 해서 8월 보름까지 짜게 하였다. 그리고 짠 베의 품질과 양을 가늠하여 승부를 결정하고, 진 편에서 술과 음식을 차려 이긴 편을 대접하게 하였다. 이 날 달 밝은 밤에 임금과 백관 대신을 비롯해 수십만 군중이 지켜보는 가운데 왕녀와 부녀자들이 밤새도록 '강강술래'와 '회소곡(會蘇曲)'을 부르고, 춤을 추며 질탕하고 흥겹게 놀았다. 이것을 그 때 말로 '가배→가위'라 하였다."

한가위의 다른 이름인 중추절(仲秋節)은 가을을 초추(初秋)·중추(仲秋)·종추(終秋) 석 달로 나누어 음력 8월 가운데에 들었으므로 붙인 이름이다.

추석이라는 말은〈예기〉의 '조춘일(朝春日) 추석월(秋夕月)'에서 나온 것이라는 설과 중국에서 중추(中秋), 추중, 칠석, 월석 등의 말을 쓰는데 중추의 추(秋)와 월석의 석(夕)을 따서 '추석(秋夕)'이라 한 것이라는 설이 있다. 더 많이 쓰이는 '추석'은 어원이 명확하지 않을 뿐더러 중국에서 유래한 것이어서 토박이말 '한가위'라 부르는 것이 더 좋다.

한가위에 뜨는 보름달, 계수나무와 토끼

우리는 예전에 보름달을 보고 계수나무 아래서 토끼가 방아를 찧고 있다고 믿었다. 어려운 시절에는 방아 찧는 상상만 해도 풍요로움을 느꼈다. 우리나라처럼 인도, 중앙아메리카에서도 달에서 토끼를 보았고, 유럽에서는 보석 목걸이를 한 여인의 옆얼굴, 책 또는 거울을 들고 있은 여인을 상상하였다. 두꺼비, 당나귀, 사자의 모습을 떠올리는 나라도 있다.

우리나라에선 보름달이 뜨는 날은 정월대보름, 한가위 등 풍요로운 명절이지만, 서양에서 달은 주로 마귀할멈이나 늑대인간 등 무시무시한 악령과 연관된 '핼러윈데이' 등 귀신의 날이다. 서양에서는 달의 영기를 받으면 미친다고 여겨 미친 사람을 '달의 영기를 받은 사람(lunatic)'이라 부르기도 한다.

한가위 세시풍속, 반보기와 밭고랑기기

추석에 행해지는 세시풍속으로는 벌초(伐草), 성묘(省墓), 차례(茶禮), 소놀이, 거북놀이, 강강술래, 원놀이, 가마싸움, 씨름, 반보기, 올게심니, 밭고랑기기 등을 들 수 있다.

그중 가장 보편적인 풍속은 벌초와 성묘 그리고 차례다. 한가위 때 반드시 벌초하는 것을 자손의 도리로 여겼으며, 한가위 이른 아침에 사당을 모신 종가(宗家)에 모여 차례를 지낸다. 그리고 성묘를 가는 것이 순서다.

'소놀이'는 풍물패를 따라 소를 흉내 내며 온 마을을 다니며 노는 놀이다. '소놀이'를 할 때는 그 해 농사를 가장 잘 지은 집 머슴을 상머슴으로 뽑아 소등에 태우고 마을을 돌며 시위하기도 한다.

'거북놀이'는 수수잎을 따 거북이 등판처럼 엮어 등에 메고 엉금엉금 기어 거북이 흉내를 내는 놀이다. 이 거북이를 앞세우고 "동해 용왕의 아드님 거북이 행차시오!"라고 소리치며, 풍물패와 함께 집집을 방문한다. 대문에서 문굿으로 시작하여 마당, 조왕(부엌), 장독대, 곳간, 마구간, 뒷간 그리고 마지막에는 대들보 밑에서 성주풀이를 한다.

조왕에 가면 "빈 솥에다 맹물 붓고 불만 때도 밥이 가득, 밥이 가득!" 마구간에 가면 "새끼를 낳으면 열에 열 마리가 쑥쑥 빠지네!" 하면서 비나리를 한다. 이렇게 집집을 돌 때 주인은 곡식이나 돈을 형편껏, 성의껏 내놓고 이것을 잘 두었다가 마을 공동기금으로 쓴다.

'강강술래'는 손에 손을 잡고 둥근 달 아래에서 밤을 새워 돌고 도는 한가위 놀이의 대표라 할 수 있다. 이 놀이는 이순신 장군이 왜적을 물리칠 때 의병술로 시작한 거라는 설이 있으며, 또 이러한 집단 원무의 시작은 원시 공동체일 것이라고 주장하기도 한다. 강강술래는 둥글게만 돌지 않고 갖가지 놀이판으로 바뀌면서 민요를 곁들인다.

"하늘에는 별도 총총/강강술래, 동무 좋고 마당 좋네/강강술래,

솔밭에는 솔잎 총총/강강술래, 대밭에는 대도 총총/강강술래, 달 가운데 노송나무/강강술래."

앞소리꾼이 소리를 내면, 받아서 강강술래로 메긴다. 새벽이 부옇게 밝아올 때까지 강강술래는 그칠 줄 모른다.

'원놀이'는 서당에서 공부하는 학동들이 원님을 뽑아서 백성이 낸 송사를 판결하는 놀이로 요즘의 모의재판과 비슷하다. 가마싸움은 이웃서당의 학동들끼리 만든 가마를 부딪쳐서 부서지는 편이 진 것으로 하는 놀이다. 이긴 편에서 그 해 과거시험에 급제한다는 믿음이 있다.

'반보기(中路相逢)'는 한가위가 지난 다음 서로 만나고 싶은 사람들끼리 때와 장소를 미리 정하고 만나는 것이며, 중도에서 만났으므로 회포를 다 풀지 못하고 반만 풀었다는 데서 나온 말이다. 마음대로 친정 나들이를 할 수 없었던 시집간 딸과 친정 어머니가 중간 지점을 정하고, 음식을 장만하여 만나서 한나절 동안 회포를 푸는 것이다.

또 한마을의 여자들이 이웃 마을 여자들과 경치 좋은 곳에 모여 우정을 나누며 하루를 즐기는 일도 있었다. 이때 각 마을의 소녀들도 단장하고 참여하게 되므로 자연스럽게 며느릿감을 고르는 기회로 삼기도 했다.

속담에 '근친길이 으뜸이고 화전길이 버금이다'는 것이 있는데, 가까운 친척을 만나러 가는 것이 먼저이고 꽃구경은 나중이라는 뜻이다. 한가위 앞뒤로 반보기가 아닌 '온보기'로 하룻동안 친정나들이를 하는 것은 여성들에게 큰 바람이었다. 오늘날도 민족대이동이라 하여 4천만 명이 고향을 찾아 일가친척을 만나고, 조상에게 입은 덕을 기리는 것도 온보기의 하나가 아닐까?

전라도에서는 '올게심니'라 하여 한가위를 전후해서 잘 익은 벼, 수수, 조 등 곡식 이삭을 한 줌 묶어 기둥이나 대문 위에 걸어 두고, 다음해 풍년이 들게 해 달라고 기원하는 풍습이 있는데 이때 음식을 차려 이웃과 함께 잔치를 하기도 한다. 올게심니한 곡식은 다음해에 씨로 쓰며, 떡을 해서 사당에 바치거나 터주에 올렸다가 먹는다.

경상도 지방에서도 '풋바심'이라 하여 채 익지 않은 곡식을 먼저 신위(神位)에 올리기 위해 벤다. 또 새로 거둔 햅쌀을 성주단지에 새로 채워 넣으며 풍작을 감사하는 제를 지내기도 한다.

'밭고랑기기'는 전라남도 진도에서 한가위 전날 저녁에 아이들이 밭에 가서 발가벗고 자기 나이대로 밭고랑을 긴다. 이때 음식을 마련해서 밭둑에 놓아 둔다. 이렇게 하면 그 아이는 몸에 부스럼이 나지 않고 밭농사도 잘 된다고 믿는다.

한가위 시절음식, 송편과 신도주

'설에는 옷을 얻어 입고, 한가위에는 먹을 것을 얻어 먹는다'는 옛 속담에서도 알 수 있듯이 한가위는 곡식과 과일 등이 풍성한 때이므로 여러 가지 시절음식이 있다.

《동국세시기》에는 송편, 시루떡, 인절미, 밤단자를 시절음식으로 꼽았는데, 송편은 대표적인 한가위 음식이다. 송편에 꿀송편, 밤송편, 깨송편, 콩송편, 대추송편 등이 있으며, 이때 솔잎을 깔아 맛뿐 아니라 향과 시각적인 멋도 즐겼다. 솔잎에는 살균물질인 피톤치드가 다른 식물보다 10배 정도 많이 포함되어 있어 유해성분의 섭취를 막아 줄 뿐만 아니라 위장병, 고혈압, 중풍, 신경통, 천식 등에 좋다 한다.

경상도 지방에서는 모시잎을 삶아 넣어 빛깔을 낸 모시잎송편, 강원도 지방에는 감자송편이 있다. 쑥송편, 치자송편, 호박송편, 사과송편 등도 별미다.

〈농가월령가〉에는 신도주(新稻酒), 오려(올벼의 옛말)송편, 덜 여문 박을 얇게 저며서 쇠고기와 함께 간장에 볶은 다음 파, 깨소금, 후춧가루를 치고 주물러서 만든 박나물, 토란국 등을 이때의 시절음식이라 했으며, 송잇국, 호박, 박, 가지, 고구마 따위를 납작납작하거나 잘고 길게 썰어 말린 것으로 국을 끓인 고깃국도 영동지방에서는 별식으로 먹는다.

얼마 전만 해도 가정에서 온 식구가 둘러앉아 정담을 나누며 송편을 빚는 정경이 아름다웠다. 송편을 잘 만들어야 예쁜 아기를 낳는다는 말에 은근히 솜씨 경쟁을 벌이기도 했으며, 송편이 예쁜지 아닌지에 따라 배우자 될 사람의 얼굴도 그렇게 된다는 말을 믿었다. 또 임신한 부인들은 송편에 솔잎 한 가닥을 가로로 넣어 쪘는데, 찐 송편을 한쪽으로 베어 물어 솔잎 끝쪽이면 아들이고, 꼭지 쪽이면 딸이라 했다.

한가위 차례상에서 또 하나 빠질 수 없는 것이 바로 술이다. 한가위 때 마시는 술은 '백주(白酒)'라 하는데, 햅쌀로 빚었기 때문에 '신도주'라고도 한다. 한가위는 추수를 앞둔 때여서 사람들의 마음이

한가위의 대표적인 먹거리 송편

풍족해져 서로 술대접을 하는 경우가 많았다. 녹두나물과 토란국도 한가위 시절음식이다.

달은 어려운 이웃과 함께 보아야 더 커진다

한가위는 우리의 큰 명절이다. 이 큰 명절을 단순히 노는 날로만 생각 말고, 우리 조상들의 마음속에 있던 '더불어' 정신을 다시 한 번 되돌아보는 계기가 되어야 한다. 세상에는 어렵게 살아가는 사람도 있다. 그래서 명절은 나와 내 식구들의 기쁨으로 끝나서는 안 된다.

주위에는 부모에게 버림받은 아이들도 있으며, 일하다 다치고도 치료는커녕 고국에도 못 가는 외국인 노동자와 신용불량으로 온 식구가 뿔뿔이 흩어져 사는 사람, 그리고 태풍으로 농사를 망치고 하늘만 멍하게 바라보는 농민도 있다. 그런 어려운 이웃들을 외면하지 말고 함께 바라보는 달은 아마도 훨씬 더 클 것이다.

또 소나무가 피톤치드로 썩는 것을 막아 주듯 곧은 인품으로 다른 사람을 건강하게 해주는 사람도 있다. 그 사람의 삶을 더듬어 보고 훈훈한 입김을 쐬면 나의 잘못된 생활이 올곧게 정리될 수 있다. 이 가을에는 솔잎을 깔고 찐 송편처럼 향기로운 사람을 만났으면 좋겠다. 아니, 내가 그런 사람이 되도록 노력하는 것은 어떨까.

세월이 풍속을 바꾸는 탓인지 점차 가정에서 송편을 빚는 모습을 보기 어려워졌다. 어쩌면 세상살이가 힘들어진 탓일 수도 있으며, 개인주의가 만연되어 식구들의 정을 느끼지 못하는 것이 원인일 수도 있다. 하지만 따뜻한 정을 느끼며 사는 것이 제대로 사는 것이라면 한가위에는 온 식구가 둘러앉아 오순도순 얘기꽃을 피우며 송편을 빚는 행복을 누려 보기 바란다.

동지에는 며느리가
시어머니에게 동지헌말을 드렸다

동지는 명절이라 기운이 일어난다.
시절식으로 팥죽을 쑤어 이웃과 즐기리라.
새 달력 펴내니 내년 절후(節侯) 어떠한고
해 짧아 덧이 없고 밤 길어 지루하다.

〈농가월령가〉 11월조에 나오는 구절이다. 동지는 해가 적도 아래 23.5도 동지선(남회귀선)과 황경(黃經) 270도에 도달하는 때이며, 절기가 시작되는 날이기도 하다. 동지(冬至)라는 이름은 드디어 겨울에 이르렀다는 뜻이며, 한 해를 마무리하고 새해를 맞이하는 날이다. 옛사람들은 이 날을 해가 죽음으로부터 부활하는 날로 생각하고 잔치를 벌여 태양신에게 제사를 올렸다. 고대 로마력에는 12월 25일이 동지이며, 유럽이나 북아프리카, 서아시아 지방, 중국 주(周)나라에서는 이 동짓날을 설날로 지냈다.

《동국세시기》에는 동짓날을 작은설, 즉 다음해가 되는 날이란 의미로 '아세(亞歲)'라 했다. 예수 그리스도가 태어난 성탄절은 신약성서에 나오지 않아 옛날에는 1월 6일이나 3월 21일을 성탄절로 지내기도 했지만, 4세기 중엽 로마 교황청이 성탄절을 동지설날과 같은 날로 정했다.

동지에 팥죽을 먹어야 하는 까닭

동짓날에는 팥을 고아 죽을 만들고 여기에 찹쌀로 단자(團子)를 만들어 넣어 끓인다. 단자는 새알 크기로 만들기 때문에 '새알심'이라 부른다. 이 새알심을 자기 나이대로 넣어 먹었다.

팥죽을 쑤면 먼저 사당에 올려 차례를 지낸 다음 방과 장독, 헛간 등에 한 그릇씩 떠놓고 대문이나 벽에다 뿌린다. 붉은 팥죽은 양(陽)의 색으로 귀신을 쫓는다고 믿었다. 그런 다음 식구들이 팥죽을 먹는데, 마음을 깨끗이 씻고 새로운 한 해를 맞는 뜻이 담겨 있다. 또 전염병이 유행할 때 우물에 팥을 넣으면 물이 맑아지고 질병이 없어진다 하고, 사람이 죽으면 팥죽을 쑤어 상가에 보내는 관습이 있는데, 이는 상가에서 악귀를 쫓으려는 것이다.

우리 세시풍속에서 이 날은 팥죽을 쑤어 먹고 달력을 나눠 가지는 날로 명절처럼 즐긴다. 절 같은 곳에서는 동지를 맞아 한 해의 액운을 막고 새로운 해를 맞이하자는 의미를 담아 어려운 사람들에게 동지팥죽을 나눠 주기도 한다. 팥죽을 먹어야 겨울에 추위를 타지 않고 공부를 방해하는 마귀들을 멀리 내쫓을 수 있다고 여긴다. 경사스러운 일이 있을 때나 재앙이 있을 때에도 팥죽, 팥떡, 팥밥을 하는 것은 귀신을 쫓는다는 같은 의미를 지니고 있다.

동지에는 팥죽을 나눠먹고,
제주목사가 임금에게 귤을 진상하면
황감제를 실시했다.

동짓날 팥죽을 쑨 유래는 중국 양쯔강 중류 유역을 중심으로 한 형초(荊楚) 지방의 연중세시기인 《형초세시기》에 나온다. 공공씨(共工氏)의 망나니 아들이 동짓날 죽어서 전염병 귀신이 되었다는데, 그 아들이 평상시에 팥을 두려워하였기 때문에 사람들이 전염병 귀신을 쫓으려고 동짓날 팥죽을 쑤어 악귀를 쫓았다는 것이다.

동지가 동짓달 초승에 들면 애동지, 중순에 들면 중동지, 그믐께 들면 노동지라 한다. 애동지에는 팥죽을 쑤지 않고 대신 팥시루떡을 쪄서 먹었지만 지금은 상관없이 쑤어 먹기도 한다.

팥죽의 주재료인 팥은 콩류에 속하는데 영양면에서 보면 섬유질, 단백질과 비타민 B_1이 풍부하며, 단백질을 구성하는 아미노산이 상당량 들어 있다. 쌀엔 비타민 B_1이 거의 들어 있지 않은데 팥에 많이 들어 있다.

그뿐만 아니라 비타민 B_1은 탄수화물 대사를 돕는다. 몸에 기운을 주고 피로를 풀어 주며, 몸을 따뜻하게 하는 것은 물론 지방이 몸 안에 쌓이는 것을 막아 준다. 그래서 팥죽을 피로해소 음식 또는 다이어트 음식이라 한다. 다만 단팥죽, 단팥빵처럼 설탕이 많이 들어가면 좋지 않다는 것도 지나치면 안 된다.

한의사들은 "팥은 해독 효과가 있어 술독이 있거나 황달 등 간에 독소가 쌓인 사람에게 좋다" 하며, "팥에 들어 있는 사포닌은 이뇨, 소염효과를 지닌 성분이어서 심장병, 신장질환으로 몸이 붓거나 간경화로 복수가 찬 사람은 흰쌀밥 대신 팥죽이나 팥밥을 먹으라" 권한다. 또 팥 껍질에 든 검붉은 색소 안토시아닌은 노화와 성인병의 주범인 활성산소를 없애 준다. 이밖에 뚱뚱한 사람이 먹으면 몸이 가벼워지고 여윈 사람은 몸이 튼튼해지는 묘한 작용도 있다. 동지에 팥죽을 먹는 까닭이 여기에 있고, 나아가 우리 식단에 팥을 활용하면 좋다.

달력을 나누는 날, 동지의 세시풍속

고려시대에는 '동짓날은 만물이 회생하는 날'이라 하여 고기잡이와 사냥을 금했다고 전해진다. 또 고려와 조선 초기 동짓날에는 어려운 백성이 모든 빚을 청산하고 새로운 기분으로 하루를 즐기는 풍습이 있었다.

옛날 왕실에서는 동짓날부터 점점 날이 길어지므로 한 해의 시작으로 보고 새해 달력을 나누어 주었다. 궁중에서는 달력에 '동문지보(同文之寶)'라는 어새(御璽)를 찍어서 관원들에게 나누어 주었는데, 관원들은 이를 다시 친지들에게 나누어 주었다. 이러한 풍속은 여름(단오)에 부채를 주고받는 풍속과 아울러 '하선동력(夏扇冬曆)'이라 하였다.

매년 동지 때는 제주목사가 특산물인 귤을 임금에게 진상하였다. 궁에서는 진상받은 귤을 종묘(宗廟)에 올린 다음 여러 신하에게 나누어 주었고, 멀리서 바다를 건너 귤을 가지고 온 섬사람에게는 음식과 비단 등을 내려주었다. 또 귤을 진상한 것을 기쁘게 여겨 임시로 과거를 실시하여 사람을 등용하는 일이 있었는데, 이를 '황감제(黃柑製)'라 했다.

동짓날 부적으로 뱀 '사(蛇)'자를 써서 벽이나 기둥에 거꾸로 붙이면 악귀가 들어오지 못한다고도 전해지며, 또 동짓날 날씨가 따뜻하면 다음해에 질병으로 많은 사람이 죽는다 하고, 눈이 많이 오고 날씨가 추우면 풍년이 들 징조라 한다.

속담에는 '동지를 지나야 한 살 더 먹는다', '동지팥죽을 먹어야 진짜 나이를 먹는다'는 말이 있다. '동지 때 개딸기'란 말도 있는데 추운 동지 때 개딸기가 있을 리 없으니 얻을 수 없는 것을 바란다는 뜻이다. 또 '동지섣달에 베잠방이를 입을망정 다듬이질 소리는 듣기 싫다', '동짓날이 추워야 풍년이 든다', '정성이 지극하면 동지섣달에도 꽃이 핀다', '동지섣달에 눈이 많이 오면 오뉴월에 비 많이 온다'는 속담도 있다.

동지부터 섣달 그믐까지는 시어머니 등 시집의 기혼녀들에게 버선을 지어 바치려고 며느리들의 일손이 바빠지는데 이를 '동지헌 말' 또는 풍년을 빌고 다산을 드린다는 뜻인 '풍정(豊呈)'이라 했다. 18세기 실학자 이익은 동지헌말에 대해 새 버선 신고 이 날부터 길어지는 '해그림자'를 밟고 살면 수명이 길어진다 하여 장수를 비는 뜻이라 했다.

동지 때는 보통 '동지한파'라는 강추위가 오는데 이 추위가 닥치기 전 서릿발 때문에 보리뿌리가 떠오르는 것을 막고, 보리의 웃자람을 방지하려고 보리밟기를 한다.

동짓날 한겨울 기나긴 밤에는 새해를 대비해 복조리와 복주머니를 만든다. 복조리는 쌀에 든 돌 따위를 가려낼 때 사용하는 것인데, 새해부터 정월대보름까지 "복조리 사려!"를 외치며 다녔다. 복조리를 부뚜막이나 벽에 걸어 두고 한 해의 복이 가득 들어오기를 빌었다.

음력 11월부터는 농한기다. 하지만 이때 아녀자들의 할 일은 더 많다. 메주쑤기와 부말랭이 등 각종 마른나물 말리고 거두기에 바쁜 철이다. 겨울밤이면 농부들은 동네 사랑방에 모여 내년 농사에 쓸 새끼를 꼬고, 짚신이며 망태기를 삼기도 했다. 윷놀이와 곡식을 말릴 때 쓰는 멍석, 재를 밭에 뿌릴 때 쓰는 삼태기, 풀을 베어 담는 꼴망태 등 다양한 생활용품을 만들었다.

또 깊어가는 겨울밤 화롯불에 추위를 녹이며 고구마를 찌거나 구워 동치미와 함께 먹기도 했고, 달디단 홍시를 먹기도 했다. 요즘 다시 등장한 풍경이지만 한밤중에 "찹쌀떡 사~려!" "메밀묵 사~려!" 하는 정겨운 소리를 들으며 잠을 청하기도 한다.

동지, 건강과 행복을 위해 팥죽을 나눠 먹자

어떤 사람은 동지가 중국에서 들어온 것이니 우리 풍속이 아니라 한다. 하지만 정확한 근거나 자료도 없이 남의 나라에도 있으니까 남의 것이라 단정지어서는 안 된다. 어쩌면 중국의 풍속들이 우리나라에서 건너간 것인지도 모른다. 오래 전에 들어와 우리 풍속으로 자리잡은 것을 남의 것이라 한다면 그것은 문화의 의미를 모르는 소치다. 문화는 서로 주고받는다. 그리고 남에게 받은 것을 자신에게 맞도록 고쳐 독특한 문화를 형성하는 것이다. 동지는 분명히 우리 문화요, 우리 풍속이다.

동짓날에는 팥죽을 쑤어 먹는다. 낮이 가장 긴 하지에는 양의 기운이 가장 왕성하지만 음의 기운이 생기기 시작하고, 반면에 동지에는 음의 기운이 가장 왕성하지만 양의 기운이 생겨나 자연계의 만물에 생동하는 기운이 움트기 시작한다. 음기가 극성한 겨울이지만 양기가 생겨나기 시작한 시점에 음이면서도 양이 들어 있다는 뜻의 '음중지양(陰中之陽)' 성질을 가진 팥을 먹는 것은 당연한 이치다.

우리 겨레는 팥죽 풍습을 통해 한 해의 만수무강을 기원했다. 동지의 오랜 풍습으로 대문, 장독 등에 팥죽을 뿌리는 '고수레'는 단순히 신에게 제사지내는 것이 아니라 겨울철 먹을 것이 모자라는 동물들에게도 음식을 나눠 주는 따뜻한 마음이 들어 있다.

동짓날 팥죽을 먹을 때 혼자 먹으면 몸의 건강만 챙기지만 어려운 이웃과 나눈다면 정신의 건강도 함께 얻을 수 있음을 우리 겨레는 알고 있었다. 우리 겨레는 행복한 세시풍속을 실천한 민족이다.

참고 자료들

단행본

한국민속사전편찬위원회 : 〈한국민속대사전〉, 민족문화사, 1991
문화재청 : 〈문화재대관(목조)〉, 2004
이해준 외 : 〈조선시대 민속문헌 해제〉, 국립문화재연구소, 2005
국립문화재연구소 : 〈문헌으로 보는 고려시대 민속〉, 2005
국립문화재연구소 : 〈국역 정조국장도감의궤〉, 민속원, 2005
국립국어연구원 : 〈우리 문화 길라잡이〉, 학고재, 2002
차용준 : 〈한국전통문화의 이해〉, 전주대학교 출판부, 2000
한국생활사박물관편찬위원회 : 〈한국생활사박물관〉 7~12권, 사계절, 2005
한국역사연구회 : 〈삼국시대 사람들은 어떻게 살았을까?〉, 청년사, 2005
한국역사연구회 : 〈고려시대 사람들은 어떻게 살았을까?〉 1~2, 청년사, 2005
한국역사연구회 : 〈조선시대 사람들은 어떻게 살았을까?〉 1~2, 청년사, 2005
KBSHD역사스페셜 : 〈고구려, 천하의 중심을 선포하다〉, 효형출판, 2005
KBSHD역사스페셜 : 〈적자생존, 고대국가 진화의 비밀〉, 효형출판, 2006
엄기표 : 〈다시 찾은 백제 문화〉, 고래실, 2005
이동식 : 〈길이 멀어 못 갈 곳 없네〉, 어진소리, 2004
이동식 : 〈찔레꽃과 된장 - 세계를 감동시킬 한국문화〉, 나눔사, 2007
유홍준 : 〈나의 문화유산 답사기〉 1~3, 창작과비평사, 1993
이이화 : 〈고구려, 백제, 신라, 가야를 찾아서〉, 한길사, 1999
임재해 외 : 〈민속문화의 새 전통을 구상한다〉, 집문당, 1999
이종호 : 〈신토불이 우리 문화유산〉, 한문화, 2003
주강현 : 〈주강현의 우리문화 기행〉, 해냄, 1997
주강현 : 〈우리 문화의 수수께끼〉 1~2, 한겨레신문사, 1996
최성자 : 〈한국의 멋.맛.소리〉, 지식산업사, 1996
김열규 : 〈한국인 우리들은 누구인가〉, 자유문학사
심영옥 : 〈한국의 아름다움, 그리고 그 의미〉, 진실한 사람들, 2006
윤소영 : 〈다섯 가지 주제로 엮은 한국문화사〉, 어문학사, 2006
박상하 : 〈우리문화 유산으로 본 한국인의 기질〉, 한반도, 2002
우리전통문화연구회 : 〈우리 전통문화와의 만남〉, 한국문화사, 2000
김진섭 : 〈교과서에도 나오지 않은 우리문화 이야기〉, 초당, 2002

류재엽 : 〈꽃 꺾어 산 놓고〉, 창조문화, 2002
국립문화재연구소 : 〈한국의 가정신앙, 강원도편〉, 2007
김경훈 : 〈뜻밖의 한국사〉, 오늘의책, 2004
신병주 : 〈규장각에서 찾은 조선의 명품들〉, 책과 함께, 2007
김영숙 : 〈한국복식문화사전〉, 미술문화, 1998
국립민속박물관 : 〈한국복식2천년〉, 신유, 1997
한국문화재보호협회 : 〈한국의 복식〉, 1982
유희경 · 김문자 : 〈한국복식문화사〉, 교문사, 1981
손경자 : 〈전통한복양식〉, 교문사, 1999
박영순 : 〈전통한복구성〉, 신양사, 2000
권오창 : 〈조선시대 우리옷〉, 현암사, 1998
조효순 : 〈생활한복〉, 명지대학교 출판부, 1997
금기숙 : 〈조선복식미술〉, 열화당, 199
박선희 : 〈한국 고대 복식, 그 원형과 정체〉, 지식산업사, 2002
북한 경공업위원회 피복연구소 : 〈조선 민족옷〉, 1995
빙허각이씨(김숙자) : 〈규합총서〉, 질시루, 2003
박정훈 : 〈잘먹고 잘사는 법〉, 김영사, 2002
지허 스님 : 〈지허 스님의 '차'〉, 김영사, 2003
김종태 : 〈차 이야기〉
박필금 : 〈생활 속의 다도〉, 삶과 꿈, 1999
박희준님 : 〈차 한잔〉, 신어림, 1995
위준문 외 : 〈차 치료 처방〉, 가천문화재단, 1994
김용태 : 〈옛살림, 옛문화 이야기〉, 대경출판, 1997
이원섭 : 〈황토건강법〉, 동방미디어, 1999
이원섭 : 〈조선왕조 500년의 자연요법, 왕실비방〉, 건강다이제스트, 1999
김정덕 : 〈김정덕의 황토집과 자연건강법〉, 인간사랑, 2000
임경빈 : 〈소나무〉, 대원사, 1998
정동주 : 〈정동주의 한국의 마음이야기, 소나무〉, 거름, 2001
박희진 : 〈소나무에 관하여〉, 다스림, 1991
김준봉 : 〈온돌, 그 찬란한 구들문화〉, 청흥, 2006
이광표 : 〈손안의 박물관〉, 효형출판, 2006
한영우 · 김동욱 : 〈화성성역의궤(국역증보판)〉, 경기문화재단, 2005
김봉렬 : 〈가보고 싶은 곳, 머물고 싶은 곳〉, 안그라픽스, 2003
이동범 : 〈자연을 꿈꾸는 뒷간〉, 들녘, 2000
김유혁 : 〈당신은 바람을 보았습니까?〉, 효형출판, 1997
남문현 : 〈장영실과 자격루〉, 서울대학교 출판부, 2002

김경훈 : 〈뜻밖의 한국사〉, 오늘의 책, 2007
조정육 : 〈그림이 내게 말을 걸어왔다〉, 아트북스, 2003
조정육 : 〈조선이 낳은 그림 천재들〉, 길벗어린이, 2007
조정육 : 〈가을 풀잎에서 메뚜기가 떨고 있구나〉, 고래실, 2002
국립고궁박물관 : 〈화폭에 담긴 영혼-초상〉, 2007
한국정신문화연구원 : 〈한국구비문학대계〉, 1980~1986
한국문화재보호재단 : 〈한국의 전통예술〉, 2001
경상북도 : 〈경상북도의 세시풍속과 민속문화〉, 2006
송혜진 : 〈국악, 이렇게 들어보세요〉, 다른세상, 2002
김헌선 : 〈풍물굿에서 사물놀이까지〉, 귀인사, 1991
김준호·손신심 : 〈우리 소리, 우습게 보지 마라〉, 이론과실천, 1997
안상수 : 〈한국전통문양집〉 3권 도깨비문양, 안그라픽스
풍물춤패 '깃발' : 〈풍물교실〉, 민맥, 1991
문교부 : 〈국어순화자료 제1집〉, 1977
국어순화추진회 : 〈국어 순화의 길〉, 수도여자사범대학 출판부, 1978
최용기 : 〈국어순화 자료집 합본〉. 국립국어연구원, 2003
최용기 외 : 〈아름답고 정겨운 우리말〉, 문화관광부, 2001
박용찬 : 〈우리말 다듬기 자료집〉, 국립국어원, 2005
〈새로운 우리말 분류대사전〉, 남영신, 성안당
〈토박이말 쓰임사전〉, 이근술·최기호, 동광출판사
최기호 : 〈살려 쓸만한 토박이말 5000〉, 한국문화사, 2004
소재수 : 〈남북한말 사전〉, 한겨레신문사, 2000
김수업 : 〈말꽃타령〉, 지식산업사, 2006
박남일 : 〈좋은 문장을 쓰기 위한 우리말 풀이사전〉, 서해문집, 2004
박용수 : 〈우리말 갈래사전〉, 한길사, 1989
세종대왕탄신육백돌기념문집편찬위원회 : 〈세종성왕 육백돌〉, 세종대왕기념사업회, 1999
권재일 외 : 〈말이 올라야 나라가 오른다〉 2, 한겨레신문사, 2005
이오덕 : 〈우리말 바로쓰기〉, 한길사, 1991
주시경 외 : 〈겨레의 말글살이는 한글만으로〉, 한글학회, 1999
조경숙·김슬옹·김형배 ; 〈나만 모르는 우리말〉, 모멘토, 2006
성제훈 : 〈성제훈의 우리말 편지〉, 뿌리와이파리, 2005
김슬옹 : 〈조선시대 언문의 제도적 사용 연구〉, 한국문화사, 2005
김슬옹 : 〈한글이름(뜻 깊은 큰 소리)〉, 다른우리, 2002
김슬옹 : 〈28자로 이룬 문자혁명, 훈민정음〉, 아이세움, 2007
정호완 : 〈우리말의 상상력〉, 정신세계사, 1991
박숙희 : 〈우리말 속의 일본말〉, 한울림, 1996

고운 이름 한글 이름, 배우리, 해냄, 1993
한글이름은 온누리에, 연세대 국어운동 학생회 한글물결, 일신서적출판사, 2000
한류전략연구소 : 〈아름다운 우리 한글〉, 어문학사, 2006
반재원 · 허정윤 : 〈한글 창제원리와 옛글자 살려 쓰기〉, 역락, 2007
박남일 : 〈끼리끼리 재미있는 우리라 사전 재고 세고!〉, 길벗어린이, 2007
황헌만(사진) · 정승모(해설) : 〈한국의 세시풍속〉, 학고재, 2001
조면희 : 〈우리가 정말 알아야 할 우리 옛글 백가지〉, 현암사, 2005
이덕무 : 〈사람답게 사는 즐거움〉, 솔, 1996
박현모 : 〈세종실록, 밖으로 행차하다〉, 푸른역사, 2007
한국학중앙연구원 : 〈세종실록 다시 읽기〉, 2007

학술지
한복문화학회의 : 〈한복문화〉 1권2호~4권4호
한국식품과학회의 : 〈국제녹차심포지움〉 2~3회 발표논문집
국제온돌학회 : 〈국제온돌학회지〉 제5호, 2006

기타 자료
도깨비처럼 사는 '도깨비 박사' 조자용씨, 정영주, 주간한국 2000 02/02(수)
〈서울 봉천놀이마당 민속자료집〉
옛 여인의 향기(은은한 향을 머금은 살아 움직이는 꽃) : 전완길(태평양박물관 관장)
향을 사르는 그릇, 향로 : 김창균(문화재전문위원)
한국의 향 : 박희준(향기를 찾는 사람들 대표)
〈양동훈 시디(CD)〉, 어울 '98 양동훈, 2000
몸과 마음을 두루 이롭게 하는 교양지 '건강 丹'
 '잘난척과 무식이 빚어낸 '한글 죽이기' , 김영조, 오마이뉴스,
 '한글날을 문화국경일로!, 김영조, 오마이뉴스, 2001
최종규 "함께살기-우리 말과 헌책방 이야기 나눔터'